우리
모두는
나그네입니다

다문화사회에서 성경 읽기

Reading the Bible in a Multicultural Society

총회 국내선교부 편

한국장로교출판사

다문화사회에서
성경 읽기

초판인쇄 2018년 8월 20일
초판발행 2018년 8월 30일

기획·편집 대한예수교장로회총회 국내선교부
편 집 인 총무 남윤희
주 소 03128 서울시 종로구 대학로3길 29, 314호
전 화 (02) 741-4353
홈페이지 www.pck.or.kr/DeptMission

펴 낸 이 채형욱
펴 낸 곳 한국장로교출판사
주 소 03129 서울시 종로구 대학로 19, 409호(연지동, 한국기독교회관)
전 화 (02) 741-4381 / 팩스 741-7886
영 업 국 (031) 944-4340 / 팩스 944-2623
등 록 No. 1-84(1951. 8. 3.)

ISBN 978-89-398-4319-6 / Printed in Korea
값 8,000원

(추천사

2018년 6월 말 기준 한국사회에 체류하는 외국인 수는 2,291,653명입니다. 노동현장에서 일하는 외국인 근로자, 국제결혼을 위해 이민 온 결혼(혼인)이주자, 다문화가정, 유학생, 그리고 최근 종교나 정치적인 이유로 한국을 찾아온 난민 등 다양한 사람들이 한국사회에서 함께 살아가고 있습니다.

한국사회는 2008년 8월 1일을 기준으로 체류 외국인 수가 전체 국민의 2%가 넘으며, 이미 10년 전에 다문화사회로 진입하였습니다. 그러나 다문화사회로 진입한 한국사회와 교회는 꿈과 희망을 갖고 한국을 찾아온 이주민들을 차별과 편견으로 대하고 있습니다.

본 저서 「다문화사회에서 성경 읽기」는 다문화사회에서 살아가는 그리스도인들에게 이주민에 대한 고정관념과 선입견, 편견을 깨고, 하나님이 보여 주신 참 사랑과 더불어 함께 살아가는 하나님 나라의 복된 삶에 대해 이야기하고 있습니다. 다양한 본문의 성경 읽기와 성경공부 나눔을 통해 다름을 인정하고 존중하는 태도를 배울 수 있을 것입니다. 믿음의 사람들의 삶을 통해 나그네를 사랑하시는 하나님의 사랑을 배우기를 바랍니다.

이 책을 통해 한국교회가 더 넓은 마음과 사랑으로 이 땅을 찾아온 나그네들을 섬기고 사랑하게 되기를 소망합니다. 발행을 위해 수고한 모든 분들에게 감사드리며, 하나님의 이름이 더욱 높아지기를 기원합니다.

2018년 8월

총회장 최기학 목사

(격려사

한국사회는 빠른 속도로 다문화사회로 변모하고 있습니다. 한국 내 거주하는 체류 외국인은 2017년 말 기준 218만 명으로, 국민의 4.21%를 차지합니다. 해마다 15만 명씩 늘어나고 있으며, 최근 5년간 연평균 증가율이 8.5%입니다. 또한 다문화가족이 100만 명에 달합니다. 이주노동자, 결혼(혼인)이주여성, 다문화가정, 인종과 문화의 다양성이 시대의 화두가 되었습니다. 다문화사회를 맞이하는 겸손한 노력이 필요합니다.

그런 의미에서 총회 국내선교부가 「다문화사회에서 성경 읽기」를 발간한 것은 시의적절합니다. 하나님은 '결혼(혼인)이민자도 행복한 사회'를 기뻐게 여기실 것입니다. '우리 모두는 나그네'라는 인식의 전환이 필요합니다. '적극적 환대'를 통하여 '더불어 사는 삶'을 받아들여야 합니다. '평화로운 공존'을 통해서 '함께 만들어 가는 역사'를 새롭게 써야 합니다. '다양성을 받아들이는 열린 마음'으로 '우리는 하나'라고 고백하는 성숙한 신앙인이 되어야 합니다.

이 책은 한국사회에 대한 고민을 담은 책입니다. 앞으로 다가올 새로운 시대를 예비하는 책입니다. '차별 없는 사회'에서 '하나님의 사랑을 나누는 삶'을 향한 희망이 담겨 있습니다. 낯선 이웃과 더불어 살기 위한 준비입니다. 책을 발간하기 위하여 수고한 목회자, 신학자, 실무자들에게 감사를 드립니다. '평화로운 대화'를 통하여 '치유된 삶'을 향한 초대를 받아들이시기 바랍니다.

총회 사무총장 변창배 목사

(발간사

귀한 교재를 발간할 수 있도록 인도하신 하나님께 감사드립니다.

우리 민족은 5천 년 역사 속에 수많은 외침과 전쟁 등을 겪었지만 단일민족이라는 확고한 정체성과 교육 아래 살아왔습니다. 그러나 2008년 8월 1일을 기점으로 한국사회는 다양한 민족과 문화를 가진 사람들과 공존하며 사는 다문화사회로 진입하였습니다. 언어와 문화가 다른 다양한 사람들과 더불어 살아가야 하는 시대로 변하고 있는 상황 아래 교회도 마찬가지입니다. 이제 한국교회는 한국인들만의 교회가 아니라 다양한 언어와 문화를 가진 성도들과 함께 신앙공동체를 이루어 가야 하는 도전 앞에 서 있습니다.

본 교재는 그 도전 앞에 서 있는 한국교회와 성도들(선주민, 원주민, 내국인)의 다문화에 대한 인식 개선을 목적으로 출간되었습니다. 다양한 언어와 문화를 가진 성도들(이주민)을 이해하고, 다문화적 관점을 가지고 성경 읽기를 하는 데 이 교재가 활용될 수 있기를 바랍니다.

본 교재의 특징은 집필자의 다양한 성경 읽기 관점에서 집필되었다는 것입니다. 기존의 성경공부 교재들은 대부분 형식과 내용에 있어서 통일성과 일관성이 있습니다. 하지만 본 교재는 다문화 인식 개선을 위한 성경공부 교재이므로 다양성을 존중하는 의미에서 집필자 개개인의 관점 및 본문 선정, 성경공부 연구방법을 사용하였습니다. 다문화적 관점을 살려서 집필하려고 노력하였습니다.

본 교재가 집필되고 출판에 이를 수 있도록 기금(Fund)을 후원해 주신 세계선교협의회(Council for World Mission)에 감사를 드립니다. 집필을 위해 연구하며 밤늦도록 토론하는 열정을 보여 주신 집필자 고경수 목사님, 김호경 목사님, 박천응 목사님, 박흥순 목사님, 오현선 목사님, 최은영 박사님, 하경택 목사님, 홍인식 목사님과 실무자 이선애 목사님, 그리고 한국장로교출판사 사장 채형욱 목사님과 직원 여러분께 진심으로 감사드립니다.

2018년 7월 24일

총회 국내선교부 총무 남윤희 목사

「다문화사회에서 성경 읽기」 활용을 위한 안내의 글

오현선 목사(공간 엘리사벳 대표)

영어를 사용하고, 인종적으로는 주로 백인을 상상하며 국제적 관계를 할 때 우리는 그것을 쉽게 '글로벌화, 국제화, 세계화'라고 생각하기 쉽습니다. 사실은 '서구화', 좁게는 '북미화', 더 좁게는 '미국화'를 생각하고 있을지 모르겠습니다. 언어로는 한국어 외의 언어를 접하면서, 인종적으로는 백인 중심의 생각을 넘어서고, 지리적으로는 온 지구 영역의 사람들과의 관계를 확장하는 데 필요한 것이 '다문화'적 사고입니다. 진정한 세계화는 '다문화'라고 생각하는 것이 온 세계를 향한 하나님의 뜻을 전하는 참된 그리스도인의 태도라고 생각합니다.

「다문화사회에서 성경 읽기」는 한국에 살고 있는 모든 사람들이 예수님처럼 서로 친구가 될 수 있도록 도우려는 시도입니다. 생명을 가졌다는 공통점 하나로 서로 행복하고 평화롭게 살도록 성경공부를 하면서 마음을 넓히려는 노력이기도 합니다. 서로 다르면 갈등이 생기는 것이 매우 당연한 일이지만, 그 갈등을 해결하는 것은 어렵습니다. 갈등의 원인을 '다름'으로 규정하고, 다르면 '틀리다'고 생각하여 관계를 단절하는 방식으로 살아온 것이 어쩔 수 없이 선택해 온 유일한 갈등 처리 방법이었을지 모릅니다. 그래서 동질적 요소를 가진 모임, 집단끼리 모이면 갈등이 줄어들 것을 기대하고 동질성을 확인하고 확대해 가려는 욕구를 발달시켜 왔습니다. 자신이 속한 집단이 힘이 세고, 권력이 크면 다른 집단과 발생하는 갈등 가운데 위계상의 상위를 점함으로, 권력의 크기로 누르고 쉽게 해결할 수 있어서 그런 것이라 추측합니다.

「다문화사회에서 성경 읽기」는 이런 우리의 상황을 좀 다르게 대처하도록 돕고 싶어서 만들어진 교재입니다. '다름'을 이해하고 경험하는 성경공부입니다. 다른 사람의 생각과 처지를 살펴보면서 그 사람들의 입장에서도 성경을 바라볼 수 있는 연습을 할 수 있습니다. 다른 사람의 의견을 정죄하거나 부정하는 방식이 아니어도 함께 성경의 의미를 나눌 수 있다는 것을 경험하는 과정입니다. 성경공부 과정에서 '다름의 풍성함'과 '아름다움'을 경험할 수 있기를 기대합니다. "우리 교회에 이주민이 출석하고 있으니까 이 성경공부를 해 볼까? 아니, 없으니까 아직 하지 않아도 되겠지?"라고 생각하기보다 우리 모두에게 필요한 교재로 생각해 주시기 바랍니다.

다문화사회에서 살아가는 사람들이 모두 기독교인이 된다면 얼마나 좋을까요? 그것도 우리의 소망이며, 모두가 평화롭게 살 수 있는 세계를 만드는 것도 그만큼 중요한 주님의 뜻이라고 생각합니다. 교회에 이주민이 출석하고 있느냐 아니냐가 이 성경공부 교재를 사용하는 기준이 아님을 기억해 주시기 바랍니다. 평화로운 마을과 교회를 세우는 것을 희망하는 모두가 풍성한 마음을 가지도록 돕는 교재임을 기억하고 적극적으로 활용하시기 바랍니다. 이에 진행 방식에 대해 안내의 글을 드립니다. 아래의 글을 참고하시어 성경공부를 진행하시기 바랍니다.

1. 본 책은 18과로 구성되어 있지만 반드시 한 과를 한 번에 마쳐야 한다는 생각은 하지 않으셔도 됩니다. 한 과를 여러 번 나누어 하셔도 됩니다. 또한 질문과 그에 대한 참여자들의 토론이 중요하게 반영되는 성경공부이므로 여유로운 마음으로 진행하길 바랍니다.
2. 이 성경공부는 진행자에게 의존하기보다는 함께 참여하는 방식으로 진행하시기 바랍니다. 성구를 찾고 답을 찾아 나누는 방식이 아니라 생각을 나누는 방식이므로 서로의 의견을 나누는 과정에서 존중하는 방식과 마음이 더 중요한 요소입니다. 이를 위해 도움의 글을 드린다면,

· 성경공부 모임의 크기는 교회의 형편에 따라 다양할 수 있습니다. 굳이 숫자를 제안한다면 10명 이하이면 좋겠습니다.

· 이주민끼리 해도 좋고, 선주민(이 땅에 태어나 먼저 살고 있던 사람)끼리 해도 좋고, 이주민과 선주민이 함께 해도 좋은 성경공부 교재입니다.

· 성경공부 시간에 질문을 읽은 후, 진행자는 참여자들이 자신의 의견을 정리할 수 있는 시간을 허용합니다. 예를 들자면 "말할 준비를 마치신 분은 볼펜을 책상에 놓아 주세요.", "팔짱을 껴 주세요." 등의 다양한 약속을 하면 됩니다. 모두 생각을 정리했다는 표시를 하면 차례로 의견을 나누도록 합니다. 물론 '패스'도 의견임을 기억하면 좋겠습니다. 말하지 않은 사람을 생각없는 사람, 소극적인 사람이라고 정의하지 않았으면 좋겠습니다. 말하고 싶지 않을 뿐임을 기억해 주시고 존중해 주시기 바랍니다.

· 성경공부의 순서대로 진행하지 않아도 됩니다. 자유롭게 선택하여 사용하셔도 됩니다.

· 교재 각 과에 설명이 필요한 부분들은 교재 작성자들이 각주로 설명하였습니다.

· 교회에서 성경공부를 할 때 자연스럽게 실행했던 요소들, 예를 들자면 시작기도, 찬양, 마침기도 등이 교재에 쓰여 있지 않더라도 각 교회에서 유연성 있게 원하시는 것을 첨가하시면 됩니다.

· 성경공부를 마치면 다음의 질문들로 평가해도 좋습니다.

1) 새롭게 확장된 생각이 있었습니까? 편견이 극복된 예가 있습니까?
2) 성경공부의 발언 참여 기회가 공평하게 나누어졌습니까?(기회, 시간 등)
3) 여성과 남성이 섞여 있을 경우 남녀의 발언 기회가 공평했습니까?
4) 다른 사람의 의견에 대해 정죄하거나 '그게 아니라', '그건 아니지', '그건 아니고요', '그렇다기보다는' 등 앞서 말한 사람의 이야기를 부정, 판단하는 것 같은 표현을 사용하지 않고 말할 수 있었습니까?

목 차

1.

평화로운 공존의 삶

홍인식 목사

창세기 26 : 12~25

12 이삭이 그 땅에서 농사하여 그해에 백배나 얻었고 여호와께서 복을 주시므로 13
그 사람이 창대하고 왕성하여 마침내 거부가 되어 14 양과 소가 떼를 이루고 종이
심히 많으므로 블레셋 사람이 그를 시기하여 15 그 아버지 아브라함 때에 그 아버지
의 종들이 판 모든 우물을 막고 흙으로 메웠더라 16 아비멜렉이 이삭에게 이르되 네
가 우리보다 크게 강성한즉 우리를 떠나라 17 이삭이 그곳을 떠나 그랄 골짜기에 장
막을 치고 거기 거류하며 18 그 아버지 아브라함 때에 팠던 우물들을 다시 팠으니
이는 아브라함이 죽은 후에 블레셋 사람이 그 우물들을 메웠음이라 이삭이 그 우물
들의 이름을 그의 아버지가 부르던 이름으로 불렀더라 19 이삭의 종들이 골짜기를
파서 샘 근원을 얻었더니 20 그랄 목자들이 이삭의 목자와 다투어 이르되 이 물은
우리의 것이라 하매 이삭이 그 다툼으로 말미암아 그 우물 이름을 에섹이라 하였으
며 21 또 다른 우물을 팠더니 그들이 또 다투므로 그 이름을 싯나라 하였으며 22 이
삭이 거기서 옮겨 다른 우물을 팠더니 그들이 다투지 아니하였으므로 그 이름을 르
호봇이라 하여 이르되 이제는 여호와께서 우리를 위하여 넓게 하셨으니 이 땅에서
우리가 번성하리로다 하였더라 23 이삭이 거기서부터 브엘세바로 올라갔더니 24 그
밤에 여호와께서 그에게 나타나 이르시되 나는 네 아버지 아브라함의 하나님이니
두려워하지 말라 내 종 아브라함을 위하여 내가 너와 함께 있어 네게 복을 주어 네
자손이 번성하게 하리라 하신지라 25 이삭이 그곳에 제단을 쌓고, 여호와의 이름을
부르며 거기 장막을 쳤더니 이삭의 종들이 거기서도 우물을 팠더라

참여자와 함께하는 기대

· 이삭을 통해 이주자의 삶의 애환과 고통에 대하여 생각해 봅시다. 다른 문화의 세계 안에 정착하기 위해 이주자들이 겪어야 하는 어려움에 대하여 느껴 봅시다.

· 선주민들이 이주자들에 대하여 무의식적으로 갖게 되는 편견을 비롯한 차별적인 행동에 대하여 생각해 봅시다. 아무런 의미 없이 하는 여러 가지 행동들이 이주자들에게 얼마나 큰 상처가 되는지 생각해 봅시다.

· 성경에 기록된 이삭의 삶을 통하여 이주자가 어떻게 편견과 차별을 이겨 나갔으며, 또한 선주민들은 이주자들에 대하여 어떤 삶의 태도를 가져야 하는지 살펴봅시다.

I. 말씀 맛보기

성경의 여러 인물 중 우리의 관심을 끌지 못한 이가 있다면 오늘 읽은 말씀의 주인공인 이삭이 아닐까요? 이삭은 성경에 나타난 인물 중 큰 특징이 없는 사람입니다. 별 사건도 없었고, 인생을 요란하게 살지도 않았습니다. 하나님의 부르심을 받고 갈대아 우르 땅을 떠나 하나님이 지시할 이름 모를 땅을 향하여 용감하게 길을 떠났던 아버지 아브라함과 파란만장한 인생을 살았던 아들 야곱 가운데에 끼어 역사의 조명을 크게 받지 못했던 조용한 인물입니다.

그러나 오늘 우리는 별다른 역사의 조명을 받지 못하였던 이삭이라는 한 인물의 삶이 우리에게 주는 의미가 매우 강력함을 발견하게 됩니다. 특히 외국에서 이주민으로 살아가는 사람들과 이주민들을 맞이하고 있는 선주민들에게 이삭이 보여 준 삶의 태도는 더더욱 그러합니다. 이삭이 오늘을 살아가는 우리에게 이주민의 삶의 모델을 제시해 주고 있기 때문입니다. 우리는 이삭의 삶을 통하여 이주민으로서의 삶을 살펴볼 수 있을 것입니다. 또한 성경에 나타난 이삭의 삶을 보며 이주민들과 선주민들의 평화로운 공존을 요구하시는 하나님의 뜻을 깨닫고, 배울 수 있습니다.

Q 왜 이삭은 아브라함과 야곱에 비해 사람들의 관심에서 멀어졌을까요?

Q 이삭의 삶을 한마디로 요약한다면 어떤 단어가 적당할까요?

Ⅱ. 삶의 이야기를 통하여 말씀으로 들어가기

1. 너희 나라로 돌아가라

"에이, 미친놈들!"

50대 남성의 눈빛은 적의 그 자체였다. 친구로 보이는 남성 2명도 다르지 않았다. 주디스 알레그레 헤르난데스 씨(42세)와 남편은 두 아이와 함께 경기도 광주의 한 공원을 걷는 중이었다. "저희가 뭐 잘못했나요?" 한국어로 또박또박 말을 건네자, 또다시 모욕이 돌아왔다. "너희 나라로 가! 왜 남의 나라에 살면서 세금을 축내?" 엄마의 손을 잡은 고등학생 아들, 딸의 손이 떨려 왔다. 이들 부부는 각각 필리핀과 방글라데시 출신이다. 헤르난데스 씨는 영어강사로 한국에 들어와 지금은 번역 일을 하고, 남편은 인도식당에 식재료를 납품하는 사업을 하고 있다. 한국에서 산 지 20년이 넘었지만, 늘 긴장해야 한다. 헤르난데스 씨는 “이럴 때마다 가슴 속에서 뜨거운 게 솟구친다.”고 말했다. 이들의 일상에는 모욕이 먼저다. 외모와 피부색이 다른 탓에 겪는 일들이 너무나 고통스럽다. 물건을 사며 얼마냐고 물으면 점원은 싸늘한 표정으로 “비싸요.”라며 말을 자른다. 자동차를 주차할 때도 관리원이 다가와 “이 차 당신 것 맞냐? 신분증 좀 보자.”며 의심부터 한다. “우리는 물건 살 돈도 없고, 차도 훔쳐 타고 다니는 줄 아나 봐요.” 헤르난데스 씨의 유창한 한국어는 표정만큼이나 쓸쓸했다.

(http://www.hani.co.kr/arti/society/society_general/582791.html#csidx284912db12447108ffdee330149fd08)

Q 만일 이 부부가 미국 혹은 유럽 등 한국인들이 선진국이라고 생각하는 나라에서 온 이주민이라고 한다면 “너희 나라로 돌아가라.”는 말을 했을까요? 우리 안에 존재하는 이중 잣대를 깨달아야 하지 않을까요? 태생적인 차이를 두고 인간을 차별하는 것은 법 이전에 인간의 도리와 세계시민의 태도에 어긋나는 일일 것입니다. 이런 경험을 한 적이 있는지 서로 이야기해 봅시다.

Q 이주민들에 대한 선주민들의 편견과 차별의 원인을 선주민들의 생존권 차원에서 생각해 봅시다. 이주민들로 인하여 취업의 기회가 박탈될 수 있다는 생각이 이주민들에 대한 편견을 갖게 하는 것은 아닌지에 대하여 이야기를 나누어 봅시다. 그리고 한국 노동시장에서 이주민들로 인한 선주민들의 취업 기회 박탈 현상에 대해서도 조사해 봅시다.

Q 위의 본문에서 이삭이 경험했던 사건들을 인종차별로 볼 수 있을까요? 왜 이삭이 이런 억울한 일을 당하고 있는가에 대하여 이야기해 봅시다. 이삭의 경험을 위의 사례와 비교해 보고, 그랄 주민들의 행동의 동기에 대해서도 서로 이야기해 봅시다. 특히 한국인의 입장에서 주위의 외국인 노동자 혹은 이주자와 관련해서 자신들의 경험을 이야기해 봅시다.

오늘 본문의 주인공인 이삭의 이야기는 창세기 21장부터 시작됩니다. 늦둥이로 태어난 이삭은 부모에게 사랑을 받고 자라기는 했지만, 그가 소년 시절에 경험해야 했던 죽음의 위기는 아마도 그의 삶에 있어서 가장 커다란 상처로 남았을 가능성이 큽니다. 이삭은 아버지에 의해 죽을 수도 있었다는 아픔 속에서 어쩌면 조용하게, 남의 눈에 띄지 않는 삶을 살아갔는지도 모릅니다. 그것이 그가 인생의 경험을 통하여 배운 삶의 지혜였을 것입니다.

이런저런 이유로 이삭은 오랫동안 우리의 관심을 끌지 못했습니다. 이삭은 눈에 띄지 않는 조용한 삶을 살았습니다. 그런데 중요한 것은 우리의 관심을 끌지 못할 만큼 요란하고 화려한 삶을 살지는 않았지만, 이삭을 통하여 하나님의 역사가 계속되었다는 사실입니다.

오늘 본문에 나타난 것처럼, 그는 주위의 강한 세력들과 다투지 않았습니다. 이삭은 거대한 야망을 갖고 있지 않았습니다. 어쩌면 그는 밟으면 밟히는 대로 살아가는 들풀과 같은 사람이었던 것 같습니다. 만일 이삭이 야망이 있었고 강한 사람이었다면 주위의 강한 세력에 의하여 멸망당했을지도 모릅니다. 그러나 그는 특유의 온순함과 조용함으로 생의 위기를 극복하게 됩니다. 그리하여 하나님의 나라를 지속시켜 나갈 수 있었습니다. "이삭이 거기서 옮겨 다른 우물을 팠더니 그들이 다투지 아니하였으므로 그 이름을 르호봇이라 하여 이르되 이제는 여호와께서 우리를 위하여 넓게 하셨으니 이 땅에서 우리가 번성하리로다 하였더라"(창 26 : 22).

Ⅲ. 말씀 올바로 이해하기

이삭은 결코 주위의 사람들과 경쟁하면서 그리고 그들을 자극하면서 자신의 성공을 위하여 앞만 보고 달린 사람이 아니었습니다. 그는 평화의 사람이었습니다. 그는 다투지 않는 사람이었습니다. 그리고 선주민인 그랄 사람들을 존중하여 자신이 그곳에서 살 수 있도록 해 준 그들에게 감사한 마음으로 살아갔습니다. 그랄 사람들이 그를 질투하여 우물을 빼앗았을 때도 억울하기는 했지만 그것을 당연하게 생각했습니다. 왜냐하면 그 우물이 선주민인 그랄 사람들의 것이라고 생각했기 때문입니다. 그래서 그는 자연스럽게 싸움의 자리를 피해 다른 곳으로 가서 우물을 팔 수 있었습니다.

Q 12절부터 15절까지의 본문을 주의 깊게 읽어 봅시다. 이삭은 그랄 땅에서 이주자로서 살아가고 있습니다. 그가 처음부터 선주민들로부터 시기를 받았던 것은 아니었습니다. 그가 시기와 미움의 대상이 된 것은 언제부터일까요? 그리고 그 이유가 타당한 것일까요? 이삭의 성공이 그랄 주민들의 생존권과 연결되고 있지는 않을까요?

Q 선주민으로서 이주민들의 경제적 성공을 어떻게 받아들여야 할까요? 만일 이주민 이삭을 향한 그랄 땅의 선주민들의 시기와 미움이 오늘 한국사회에서도 일어난다면, 기독교인들은 어떤 태도를 가져야 하겠습니까?

Q 이주민으로서 이삭이 삶의 위기를 대처하는 방법에 대하여 어떻게 생각하십니까? 이삭은 용기가 없는 소극적인 사람일까요? 소극적으로 보이는 이삭의 대책이 이주민들에게 어떤 의미를 주고 있는가에 대하여 이야기해 봅시다.

Ⅳ. 말씀을 통하여 삶의 이야기로 들어가기

Q 오늘 한국사회에서 이주민들에 대한 근본적인 의식구조와 그랄 땅의 주민들이 이삭을 대했던 행위들에는 어떤 유사한 점이 있을까요? 어떤 면에서 유사한지 이야기해 보고, 실제적인 경험에 대하여 나누어 봅시다.

Q 이주민들의 태생 지역 혹은 피부 색깔에 따라 한국사회의 선주민들의 태도는 어떻게 달라질까요? 외국어 교사의 피부색에 따라 우리의 태도가 어떠한지 의견을 나누어 봅시다.

Q 이주민들과 선주민들이 우물을 둘러싼 갈등 없이 살 수 있는 방법에 대하여 이주민과 선주민 각자의 입장에서 토의해 봅시다. 먼저는 각자의 입장에서, 다음은 서로의 입장을 바꾸어서 이야기해 봅시다.

나가면서

하나님의 나라를 본향으로 둔 우리는 이주민으로 살든지 혹은 선주민으로 살든지 결국 모두 이주민입니다. 또한 신유목민사회에서는 우리의 삶의 가치를 '어디'라고 하는 지리적 경계에 두어서는 안 될 것입니다. 오히려 삶의 목표를 '어떠한 삶을 살 것인가?'에 두어야 합니다. 이주민이든지 혹은 선주민이든지 우리는 이삭의 삶을 보며 하나님을 중심으로 하는 삶을 회복해야 함을 깨닫습니다. "이삭이 그곳에 제단을 쌓고, 여호와의 이름을 부르며 거기 장막을 쳤더니 이삭의 종들이 거기서도 우물을 팠더라"(창 26 : 25).

우리의 생활이 어렵고 실망스러울 때마다 이삭의 우물을 생각합시다. 이삭의 우물을 통하여 삶의 지혜를 배웁시다. 이삭의 우물을 통하여 우리는 삶의 진정한 의미가 무엇인지 성찰할 수 있을 것입니다.

이삭이 우물 사건을 통하여 지혜로운 모습을 보여 주었을 때, 하나님은 그에게 나타나 그의 생애를 축복해 주셨습니다. "그 밤에 여호와께서 그에게 나타나 이르시되 나는 네 아버지 아브라함의 하나님이니 두려워하지 말라 내 종 아브라함을 위하여 내가 너와 함께 있어 네게 복을 주어 네 자손이 번성하게 하리라 하신지라"(창 26 : 24).

이삭에게 있어서 우물은 그의 생애를 축복으로 만들어 준 계기가 되었습니다. 이 우물 사건이 없었으면 이삭은 하나님으로부터 약속을 받지 못했을 것입니다. 이삭의 우물을 생각합니다. 이삭의 우물을 통하여 우리가 지향해야 하는 삶은 바로 평화로운 삶임을 다시 한 번 다짐해 봅시다. 외면적인 화려한 성공이 아니라 생명의 하나님을 믿고 생명과 평화를 중심으로 살아가는 것이 이민자의 삶이 되어야 함을 깨닫습니다. 하나님 나라는 생명을 중심으로 정의롭고 평화스럽게 서로 어울려 사는 그런 나라가 아니겠습니까? 이삭의 삶을 보면서 이주민들과 선주민들이 평화의 우물을 파며 더불어 함께 살아가는 평화의 나라, 대한민국을 꿈꾸어 봅니다.

2.

적극적 환대

박흥순 목사

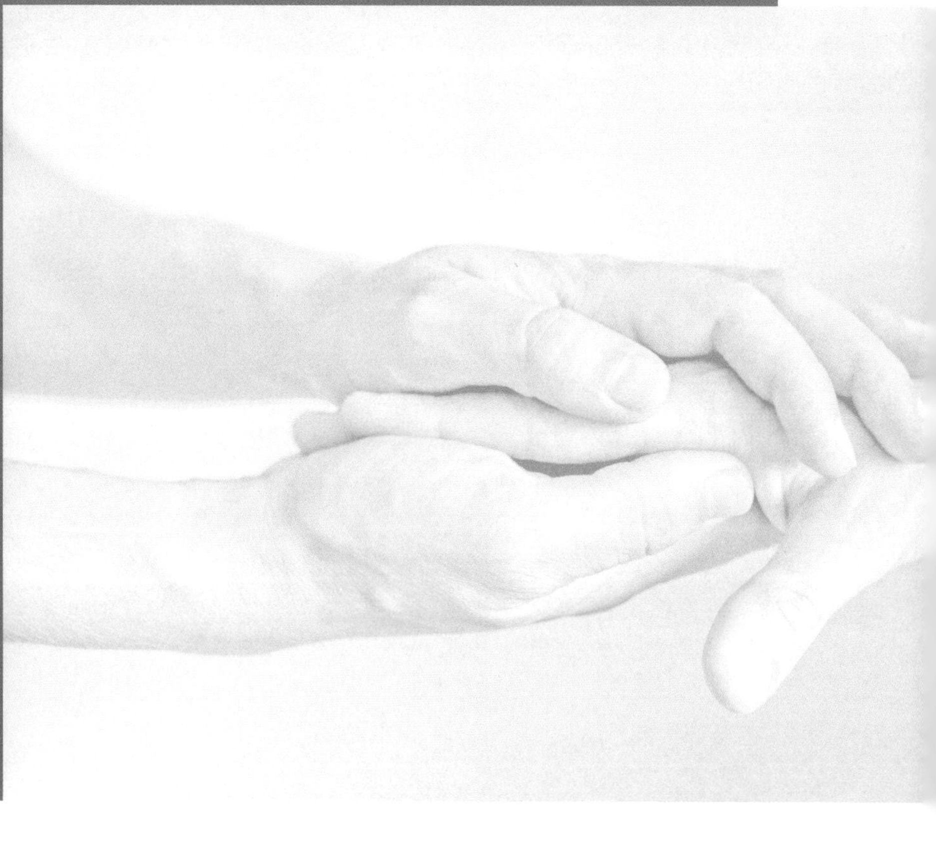

창세기 18 : 1~8

1 여호와께서 마므레의 상수리나무들이 있는 곳에서 아브라함에게 나타나시니라 날
이 뜨거울 때에 그가 장막 문에 앉아 있다가 2 눈을 들어 본즉 사람 셋이 맞은편에
서 있는지라 그가 그들을 보자 곧 장막 문에서 달려나가 영접하며 몸을 땅에 굽혀 3
이르되 내 주여 내가 주께 은혜를 입었사오면 원하건대 종을 떠나 지나가지 마시옵
고 4 물을 조금 가져오게 하사 당신들의 발을 씻으시고 나무 아래에서 쉬소서 5 내
가 떡을 조금 가져오리니 당신들의 마음을 상쾌하게 하신 후에 지나가소서 당신들
이 종에게 오셨음이니이다 그들이 이르되 네 말대로 그리하라 6 아브라함이 급히 장
막으로 가서 사라에게 이르되 속히 고운 가루 세 스아를 가져다가 반죽하여 떡을 만
들라 하고 7 아브라함이 또 가축 떼 있는 곳으로 달려가서 기름지고 좋은 송아지를
잡아 하인에게 주니 그가 급히 요리한지라 8 아브라함이 엉긴 젖과 우유와 하인이
요리한 송아지를 가져다가 그들 앞에 차려 놓고 나무 아래에 모셔 서매 그들이 먹으
니라

Ⅰ. 마음 열기

1. 모둠 만들기

· 4~5명이 한 모둠이 되도록 모입니다.
· 서로 인사를 나눈 후에 논의한 내용을 기록할 사람을 선정합니다.
· 한 사람이 대화를 독점하지 않고 돌아가며 골고루 이야기를 나눕니다.
· 논의한 내용을 다른 모둠과 나누는 방식으로 진행합니다.

2. 이야기 나누기

Q 혼자서 멀리 낯선 곳으로 여행을 갔던 경험을 나누어 봅시다. 좋은 기억, 당황했던 일, 힘들었던 일, 생명의 위협을 당했던 위급한 상황 등 각자의 이야기를 돌아가며 나누어 봅시다.

Q 낯선 곳에서 전혀 알지 못하는 사람(들)에게 받았던 환대가 있었다면 각자 돌아가며 자신의 이야기를 나누어 봅시다.

낯선 곳으로 여행을 떠난다는 것은 설렘과 동시에 두려움이 교차합니다. 한 번도 가 보지 않았던 곳으로 여행을 떠나며 기대와 호기심, 동시에 두려움과 불안이라는 양가감정을 갖는 것은 당연할지도 모르겠습니다. 이 시간을 통해서 낯선 사람을 만나는 일, 여행에서 얻은 다양한 경험, 어려움과 환대를 경험했던 이야기를 나눔으로 직간접적인 경험이 확대될 수 있을 것입니다.

성서연구는 지금까지 각자가 경험했던 세계관과 가치관, 시간과 공간의 경계를 넘어서 낯선 세계로 여행하는 것과 흡사합니다. 고정관념이나 선입견이 강하면 낯선 세계에서 새롭게 경험하거나 도전을 받는 기회를 상실할 수도 있습니다. 이제 낯선 곳으로 떠나는 여행을 위해서 각자가 여행자 혹은 나그네가 되어 함께 떠나 봅시다.

Ⅱ. 성서 읽기와 나눔

1. 성서 읽기

· 성서를 읽고 공부하는 사람들을 10명 이하로 모아 봅시다.
· 한 사람이 대표로 본문 창세기 18 : 1~8까지 읽습니다.

2. 성서 읽기와 듣기

Q 한 사람이 대표해서 성서본문을 읽을 때 어떤 느낌과 감정이 생겨났습니까?

Q 성서본문 이야기 가운데 머릿속에 떠올랐던 단어나 문장이나 느낌을 한 단어 혹은 한 문장으로 표현해 봅시다.

성서연구는 눈을 포함한 온몸으로 읽고, 듣고, 그리고 행동하도록 이끕니다. 모든 것을 집중해서 성서를 읽고 들은 후에 각자가 가지고 있던 선입견과 편견이 사라지는 경험을 나누는 것은 소중합니다. '다문화'라는 용어를 접할 때 갖게 되는 선입견과 편견을 점검할 수 있도록 기회를 제공합니다.

Ⅲ. 다문화사회에서의 환대와 실천

1. 대화와 나눔을 통한 성찰

Q 개인별 성서 읽기와 모둠별 성서 읽기를 시도하면서 깨닫게 되었던 것을 나누어 봅시다. 성서를 눈뿐만 아니라 온몸으로 읽었을 때 느꼈던 소감을 나누어 봅시다. 각자 성서를 읽을 때와 모둠과 함께 성서를 읽을 때의 다른 점에 관해서 이야기를 나누어 봅시다.

Q 다른 사람들과 함께 읽으면서 깨닫게 된 자신만의 편견과 선입견에 대해서 이야기를 나누어 봅시다. 편견과 선입견을 버리고 새로운 관점을 가질 수 있는 힘에 대해서 토론해 봅시다.

2. 다시 성서본문 속으로

1) 나그네를 기다리는 아브라함

아브라함은 더운 대낮에 장막 문에 앉았다가 지나가는 낯선 사람들을 목격합니다. 아브라함은 더운 대낮에 왜 밖을 내다보고 있었을까요? 더운 날이었으니 시원한 바람을 기다리고 있었을까요? 다른 날과는 달리 여유롭고 한가한 날이었을까요? 혹시 손님이나 나그네가 지나가기를 기다리고 있었던 것일까요? 더운 대낮에 지나가는 나그네를 바라보는 아브라함이 첫 장면에 등장합니다.

Q 여호와 하나님은 왜 날이 뜨거울 때 아브라함 장막 앞으로 지나가셨을까요?

Q 아브라함은 왜 장막을 지나는 낯선 세 사람을 보자마자 뛰어나가 환대했을까요?

Q 구약성서에서 나그네 혹은 객이 갖는 위상에 대해서 모둠별로 찾아서 이야기해 봅시다.

본문은 아브라함에게 나타난 분이 여호와라고 기록하지만, 아브라함은 나그네 혹은 손님으로 인식하고 있었던 것 같습니다. 이 장면을 읽고 있는 독자는 흥미진진하게 어떤 일이 일어날지 기대하며 읽게 됩니다. 가끔 이런 장면이 우리 삶 속에 나타나기도 합니다. 누구나 다 알 수 있는 일이지만 내 눈에는 보이지 않는 경우도 있습니다. 그래서 자신은 어떤 결과를 예측하기 어렵지만 제3자는 쉽게 결말을 알 수도 있습니다. 반대로 예측 가능한 결과를 모르고 다른 방향으로 가는 사람들을 바라보면서 안타까운 눈으로 바라본 경험도 있었을 것입니다.

낯선 사람들, 나그네, 손님, 이방인을 대하는 태도에서 그 사람의 인권 수준을 확인할 수 있습니다. 가까운 친척이나 가족을 환대하고 대접하는 일은 당연하고 또한 의미가 있습니다. 그런데 전혀 일면식도 없는 사람들, 특히 나그네와 이방인을 대접하고 환대한다는 것은 특별한 눈과 마음이 있어야 가능합니다. 낯선 곳에서 나그네로 여행하며 대접과 환대를 받았던 경험이 있었다면 쉽게 나그네를 알아보았을 것입니다.

따라서 환대는 섬세하고 세밀하게 사람을 바라볼 수 있는 눈을 필요로 합니다. 상대방의 눈으로 바라볼 수 있는 여유도 필요하고, 각자의 처지와 상황을 바꾸어 보는 태도도 필요합니다. 아브라함은 더운 대낮에 여행하는 나그네의 상황을 미루어 짐작하고 환대할 마음을 먹었던 것입니다.

2) 환대하는 아브라함

더운 대낮에 사막을 여행하는 나그네에게는 필요한 것이 많습니다. 아브라함과 사라 그리고 하인은 나그네를 환대하기 위해 부산스럽게 움직이고 있습니다. 아브라함은 나그네를 어떻게 환대하고 대접해야 하는지 감동적으로 보여 주고 있습니다.

- **Q** 아브라함은 나그네를 어떻게 대접하고 있습니까? 아브라함이 나그네를 환대하는 모습에 대해서 모둠별로 이야기해 봅시다.
- **Q** 아브라함은 왜 그토록 정성껏 나그네를 환대했을까요?
- **Q** 구약성서와 신약성서에 나타난 다양한 형태의 환대에 대해서 찾아보고 모둠별로 이야기해 봅시다.

여행하는 낯선 사람들에게 필요한 모든 것을 채워 줄 뿐만 아니라 부족한 것이 없는지 지켜보며 곁에서 직접 시중을 들고 있는 아브라함의 모습에 주목해 봅시다. 그가 보여 준 감동적인 모습은 사람을 대하는 기본적 자세와 태도에 관한 것입니다.

나는 과연 아브라함처럼 나와 전혀 관계가 없는 낯선 사람들, 그냥 지나칠 수 있는 여행하는 사람들에게 아무런 조건 없이 환대하고 대접할 수 있는지 스스로에게 질문해 봅시다. 아브라함은 가장 귀한 음식으로 대접할 뿐만 아니라 마치 종이나 시중을 드는 사람처럼 손님들이 음식을 먹는 모습을 지켜보고 있습니다. 철저하게 자신을 낮추고 나그네를 귀하게 여기는 자세와 태도입니다.

Ⅳ. 환대를 실천하는 다문화사회

1. 나그네의 모습으로 오시는 하나님

마태복음 25장은 여호와 하나님께서 나그네의 모습으로 사람들 곁에 찾아오신다고 서술합니다. 낯선 나그네의 모습으로 우리에게 찾아오시는 야훼 하나님을 어떻게 알아볼 수 있을까요? 결코 우리가 가진 눈과 시선으로는 제대로 알아볼 수 없습니다. 그렇다면 어떻게 나그네로 오신 하나님을 환대할 수 있을까요? 아브라함이 보여 준 태도에 그 해답이 있습니다. 더운 대낮에 여행하는 나그네를 보자마자 뛰어나가서 환대하는 자세 말입니다. 물론 낯선 나그네가 모두 하나님은 아닙니다. 가끔 여호와 하나님이 낯선 나그네의 모습으로 우리 곁에 오실 따름입니다. 하지만 나그네의 모습으로 우리 곁에 오시는 여호와 하나님을 알아보고 환대하려면, 우리가 만나는 모든 낯선 사람들을 여호와 하나님처럼 환대하고 대접해야 할 것입니다.

2. 적극적 환대를 위한 질문

아브라함은 더운 날씨에 여행하는 낯선 나그네와 여행자를 적극적으로 환대할 뿐만 아니라 기꺼이 대접하는 모습을 보여 주었습니다. 다문화사회에서 한국교회와 성도가 적극적이며 따뜻한 환대를 할 수 있는 방법에 대해서 질문하고 대안을 마련할 때입니다.

Q 한국교회가 어려움과 위협에 직면한 사람들을 적극적으로 환대하고 도와줄 수 있는 방법이 무엇인지 토론하고, 실천방안을 제안해 봅시다.

Q 아브라함처럼 낯선 사람을 환대한 경험, 생명의 위협을 당하는 사람들을 적극적으로 환대하고 도와주었던 경험을 개인 차원과 교회 차원에서 생각해 보고 경험을 나누어 봅시다.

3. 환대를 실천하는 사회

다문화사회는 이주민과 선주민이 더불어 살아가는 사회입니다. 구약성서와 신약성서는 유대인과 이방인이 하나의 신앙공동체를 이루며 살았다고 서술합니다. 나그네 혹은 객이 되어 낯선 곳으로 여행을 떠나고, 생명의 위협을 당하는 위급한 상황에서 '환대'는 안전하고 평화로운 관계를 만들어 갑니다. 구약성서와 신약성서는 '환대'가 아주 중요한 신앙적 덕목이라고 강조합니다. 다문화사회를 맞이한 한국사회는 낯선 사람들, 나그네, 객을 '환대'하는 방식으로 인권의 수준을 점검할 수 있습니다. 아브라함이 뛰어나가 '환대'했던 그 모습에 주목하고, 한국사회에서 살아가는 이주민을 포함한 낯선 사람들을 '환대'하려는 태도와 마음을 갖는 것이 필요합니다. 평화!

Reading the Bible
in a Multicultural Society

3.

더불어 사는 삶

홍인식 목사

창세기 16 : 1~16

1 아브람의 아내 사래는 출산하지 못하였고 그에게 한 여종이 있으니 애굽 사람이요
이름은 하갈이라 2 사래가 아브람에게 이르되 여호와께서 내 출산을 허락하지 아니
하셨으니 원하건대 내 여종에게 들어가라 내가 혹 그로 말미암아 자녀를 얻을까 하
노라 하매 아브람이 사래의 말을 들으니라 3 아브람의 아내 사래가 그 여종 애굽 사
람 하갈을 데려다가 그 남편 아브람에게 첩으로 준 때는 아브람이 가나안 땅에 거주
한 지 십 년 후였더라 4 아브람이 하갈과 동침하였더니 하갈이 임신하매 그가 자기
의 임신함을 알고 그의 여주인을 멸시한지라 5 사래가 아브람에게 이르되 내가 받는
모욕은 당신이 받아야 옳도다 내가 나의 여종을 당신의 품에 두었거늘 그가 자기의
임신함을 알고 나를 멸시하니 당신과 나 사이에 여호와께서 판단하시기를 원하노라
6 아브람이 사래에게 이르되 당신의 여종은 당신의 수중에 있으니 당신의 눈에 좋
을 대로 그에게 행하라 하매 사래가 하갈을 학대하였더니 하갈이 사래 앞에서 도망
하였더라 7 여호와의 사자가 광야의 샘물 곁 곧 술 길 샘 곁에서 그를 만나 8 이르되
사래의 여종 하갈아 네가 어디서 왔으며 어디로 가느냐 그가 이르되 나는 내 여주인
사래를 피하여 도망하나이다 9 여호와의 사자가 그에게 이르되 네 여주인에게로 돌
아가서 그 수하에 복종하라 10 여호와의 사자가 또 그에게 이르되 내가 네 씨를 크
게 번성하여 그 수가 많아 셀 수 없게 하리라 11 여호와의 사자가 또 그에게 이르되
네가 임신하였은즉 아들을 낳으리니 그 이름을 이스마엘이라 하라 이는 여호와께서
네 고통을 들으셨음이니라 12 그가 사람 중에 들나귀같이 되리니 그의 손이 모든 사
람을 치겠고 모든 사람의 손이 그를 칠지며 그가 모든 형제와 대항해서 살리라 하니
라 13 하갈이 자기에게 이르신 여호와의 이름을 나를 살피시는 하나님이라 하였으니
이는 내가 어떻게 여기서 나를 살피시는 하나님을 뵈었는고 함이라 14 이러므로 그
샘을 브엘라해로이라 불렀으며 그것은 가데스와 베렛 사이에 있더라 15 하갈이 아브
람의 아들을 낳으매 아브람이 하갈이 낳은 그 아들을 이름하여 이스마엘이라 하였
더라 16 하갈이 아브람에게 이스마엘을 낳았을 때에 아브람이 팔십육 세였더라

참여자와 함께하는 기대

· 사래와 하갈의 이야기를 통하여 오늘 우리 사회에 존재하는 갈등의 상황들과 그 원인들에 대하여 알아봅시다.
· 사래와 하갈의 갈등을 중재하는 하나님의 모습 속에서 교회의 역할에 대해 생각해 봅시다.
· 갈등을 넘어 화해와 평화의 중요성에 대하여 깊이 깨닫고 행동합시다.

I. 말씀 맛보기

오늘 우리가 살아가고 있는 현실은 실로 정신적 분단 상황이라고 말할 수 있을 정도로 갈라져 있습니다. 남과 북이, 진보와 보수가, 아시아인의 철학과 서구적인 과학기술의 이데올로기가, 가난과 부가, 이질적인 종파와 서로 다른 모습의 교회가 공존, 대립, 갈등, 긴장을 불러일으키는 상황입니다. 이러한 상황 속에서 우리는 갈등과 대립을 가슴 아프게 바라보고만 있는 것이 아니라 오히려 갈등과 대립의 구조를 넘어서는 성서적 증언에 귀를 기울일 필요가 있습니다. 본문은 이러한 갈등과 대립의 구조를 극복하고자 하는 하나님의 사건 개입과 뜻이 두드러지는 기록입니다. 본문의 기록을 통하여 우리는 갈등을 넘어서는 대안적 사회의 모습을 꿈꿀 수 있을 것입니다. "하갈아, 돌아가라."는 하나님의 음성은 갈등 속에서 살아가고 있는 우리에게 어떤 의미로 다가올까요?

Q 오늘날 사회에서 갈등을 발생시키는 대표적인 일들에 대하여 이야기해 봅시다. 먼저 갈등의 현상을 열거해 보고, 그 갈등이 어떤 사람들 사이에서 발생하고 있는지 알아봅시다. 이에 대한 직접적인 경험이 있다면 나누어 봅시다.

Q 하갈은 사래의 제안으로 인하여 아브람의 아들을 낳게 됩니다. 그런데 왜 사래는 하갈을 질투하는 것일까요? 무엇이 사래로 하여금 하갈을 내쫓는 행동을 하게 만들었을까요? 이 둘 사이에서 발생한 갈등의 다양한 원인에 대하여 이야기해 봅시다.

Ⅱ. 삶의 이야기를 통하여 말씀으로 들어가기

1. 첫 번째 이야기 : 평창올림픽? 평양올림픽?

북한 만경봉 92호가 16년 만에 우리 항구에 정박했다. 평창 동계올림픽을 맞아 강릉과 서울에서 공연할 북한 예술단 본진 140여 명을 태운 만경봉 92호는 6일 오후 5시쯤 강원도 동해시 묵호항에 도착했다. 만경봉 92호의 남측 입항은 2002년 부산 아시안게임 때 북한 응원단을 싣고 부산에 입항한 후 16년 만이다. 해경 경비정 인도에 따라 묵호항에 입항한 배에는 커다란 인공기 문양이 새겨져 있고, 인공기가 펄럭였다. 선수 왼쪽에는 붉은 글씨로 '만경봉92'라고 적혀 있었다. 일부 북한 관계자들은 배 위에 올라 손을 흔들기도 했다. 객실 창문은 대부분 커튼으로 가려져 안이 보이지 않았지만 예술단원으로 추정되는 붉은 외투를 입은 사람들이 서서 창밖을 내다보기도 했다. 이번에 방남한 현송월 단장이 이끄는 삼지연 관현악단은 만경봉 92호를 숙소로 쓰며 평창 동계올림픽 개막을 하루 앞둔 8일 오후 8시 강릉아트센터에서 공연할 예정이다. 11일 오후 7시에는 서울 국립

극장에서 공연한다. 강릉 공연을 마친 뒤에는 서울에서 별도 숙소를 사용할 것으로 보인다. 전날에는 경의선 육로로 북한 예술단 선발대 23명이 내려와 강릉아트센터 공연장을 점검했다. 이날 묵호항에는 북한 예술단의 방남을 반대하는 대한애국당 당원들과 보수단체 회원 등 수백 명이 몰리면서 혼잡한 상황이 벌어졌다. 이들은 "평양올림픽 반대한다!", "북한으로 돌아가라!" 등을 외치며 태극기와 성조기를 흔들었다. 일부는 "대통령 박근혜"를 외치기도 했다. 이들이 인공기를 소각하자 경찰이 급히 불을 끄기도 했다.

(http://news.khan.co.kr/kh_news/khan_art_view.html?artid=201802061809001#csidx0501de4d8bd6b3bb4f21f26e532336b)

2. 두 번째 이야기 : 노사 갈등

금호타이어의 경영 정상화 방안을 놓고 노사 간 갈등의 골이 깊어지고 있다. 24일 금호타이어 노조에 따르면 금호타이어 광주공장, 곡성공장 소속 조합원 2,500여 명은 이날 하루 파업에 들어가 상경 투쟁했다. 노조원들은 이날 오전 서울 여의도 KDB 산업은행 본점 앞에서 집회를 열고 임금 삭감과 정리해고 반대 등을 주장했다. 노조는 "중국공장과 부채문제 처리 없이 임금 삭감을 하면 앞으로 3~4년 후 다시 워크아웃 등 고통을 겪을 수밖에 없다."며 "정부와 채권단이 나서야 한다."고 말했다. 금호타이어 사측은 생산성 향상, 무급 휴무, 근무형태 변경, 경영개선 절차 기간 중 임금 동결 등을 담은 자구안을 노조에 제시했으나 노조는 "근로자의 일방적인 희생만을 요구한다!"며 거부하고 있다. 노조파업에 대해 회사 안팎에서는 "회사 경영사정을 더욱 어렵게 하고, 대외적인 명분이 부족하다."는 지적도 나온다. 사측은 "회사와 채권단이 먼저 고통분담에 동참해 자구노력에 안간힘을 쏟고 있는 데 반해 노조는 회사의 존폐가 걸린 위기 상황에서도 채권단과 경영진의 책임만을 거론하며 생존을 위한 자구 노력과 고통 분담은 무조건 반대하고 있다."고 비판했다.

(http://www.yonhapnews.co.kr/bulletin/2018/01/24/0200000000AKR20180124058451054.HTML)

- Q 북한의 평창 동계올림픽 참여가 남한에서 갈등의 양상으로 번지게 된 원인에 대하여 이야기해 봅시다.
- Q 남북의 갈등을 생각해 보고, 서로를 이해할 수 있는 방안이 무엇인가에 대하여 의견을 나누어 봅시다.
- Q 역할극을 통하여 회사와 노조 측의 입장을 경험해 봅시다. 회사 측 입장에 서서 노조 파업에 대하여 평가해 보고, 역할을 바꾸어서 노조 측 입장에서 회사의 조치들에 대하여 의견을 제시해 봅시다.
- Q 회사와 노조 측의 갈등을 넘어서는 상생의 길 확립을 위해 서로가 해야 할 일에 대하여 의견을 나누어 봅시다.

III. 말씀 올바로 이해하기

이 이야기는 가나안 땅 아브람의 집에서 발생한 사래와 그녀의 몸종 하갈의 갈등을 다루고 있습니다. 여러 성서학자들은 이 이야기를 다루면서 첫 번째 단락은 여주인 사래에게 학대를 당하는 몸종 하갈의 고통을, 그리고 두 번째 단락은 학대당하고 있는 하갈에게 아들의 탄생을 예고해 주시는 하나님의 연민을 말하고 있다고 봅니다. 사래의 집을 뛰쳐나온 하갈은 광야에서 자신의 이름을 불러 주는 야훼 하나님의 사자를 만났습니다. 하갈은 이 광야에서 자신에게 '어머니 됨'을 약속해 주는 야훼 하나님의 은총을 경험하게 됩니다. 여기에서 여주인인 사래가 저지르는 횡포로 인해 하갈이 도망가게 되었지만, 야훼의 사자가 이를 가로막고 그녀를 다시 사래의 속박의 품으로 돌아가게 하십니다. 이 장면에서 우리가 주목해야 할 것은 하갈은 이집트 여인이었고,

사래는 이스라엘 여인이었다는 사실입니다.

이스라엘 여인 사래는 야훼의 이름을 들먹이지만 야훼의 뜻에 복종하기를 거부합니다. 그러나 하갈은 지금까지 야훼를 몰랐지만 그분을 만난 이후로 그분의 뜻에 자신의 뜻을 복종시켜 가나안 땅으로 돌아가 아브람의 아들을 생산합니다. 여기에서 우리는 하나님의 놀라우신 섭리를 발견하게 됩니다.

전통적으로 성서학자들은 오늘 창세기 16장의 하갈의 이야기를 고대 근동 지방의 관습과 법령이라는 배경에서 해석해 왔습니다. 이와는 달리 하갈의 이야기를 이스마엘 족속의 기원을 밝히는 이야기로 이해하기도 하였습니다. 내용상으로 볼 때 본문은 사래와 하갈이라는 두 여인의 이야기입니다. 사래와 하갈의 대립에서 우리는 아이를 낳는 여인과 그렇지 못하는 여인 사이의 갈등을 보게 됩니다.

Q 남편 아브람에게 자신의 몸종 하갈을 주어 아들을 낳게 하려는 사래의 제안은 오늘의 상황에서 어떻게 해석할 수 있을까요? 사래는 하갈의 존재에 대하여 어떻게 생각하고 있었을지 이야기를 나누어 봅시다.

Q 하갈이 아브람의 첩이 된 것은 사래의 뜻이지 하갈의 뜻이 아니었습니다. 하갈이 아이를 낳는다고 해도 그 아이는 하갈의 아이가 아니라 사래의 아이가 되는 상황이었습니다. 그런 상황에서 임신하고 곧 아이를 출산하게 될 하갈의 심정에 대하여 말해 봅시다.

Q 왜 하갈은 여주인 사래를 멸시했을까요? 이것이 사래와 하갈의 갈등의 원인이라고 한다면, 하갈이 갈등의 원인을 제공하고 있다고 생각하십니까? 만일 그렇다면 하갈에 대한 사래의 조치는 정당한 것이 아니었을까요? 여러분이 사래의 입장이라면 어떻게 반응했을까요?

Q 여주인 사래에 의해 추방당한 하갈의 심정, 박해받는 자의 아픔과 한에 대하여 이야기를 나누어 봅시다. 하갈이 추방의 원인을 자신에게서 찾아보고 회개하는 것이 옳다는 의견에 대해서도 토론해 봅시다.

Q 사래는 학대자요, 하갈은 박해받는 자라는 관점에서 이 본문을 읽을 때 사래의 집을 뛰쳐나가는 하갈의 탈출기는 주어진 사회 속에서 약자이기에 천대받는 사람들의 원통함을 하나님께 고발하는 데 의도가 있다는 것에 대하여 의견을 나누어 봅시다.

전통적인 성서해석은 본문을 두 계층 간의 갈등 구조 속에서 전개시키고 있습니다. 그러나 이러한 해석으로는 갈등과 대립을 넘어서는 하나님의 모습을 발견할 수 없습니다. 창세기 16장을 박해받는 하갈의 이야기 혹은 여주인 사래의 이야기로만 받아들일 수는 없지 않을까요? 본문을 사래와 하갈 모두의 이야기로 받아들여야 하지 않을까요?

우리는 9절에 나타난 하나님의 명령에 주목해야 합니다. 왜 하나님의 사자가 하갈에게 억압의 땅인 사래의 집으로 다시 돌아갈 것을 명령하고 있는가 하는 것입니다. 사래의 집을 탈출한 하갈은 수르로 가는 광야길의 어떤 샘터에서 하나님의 사자를 만납니다. 아니, 하나님의 사자가 하갈을 기다리고 있었습니다. 하나님이 인간을 만나시기 위하여 기다리고 계시는 이 장면은 매우 아름다운 장면입니다. 이렇게 만난 하갈에게 하나님은 "하갈아, 돌아가라."라는 명령을 내리십니다. "네 여주인에게로 돌아가서 그 수하에 복종하라." 하시며 고난 받는 삶의 자리로 다시 돌아가라는 명령을 하고 계십니다.

Q 광야에서 이집트 여인 하갈을 만나 주시는 하나님의 모습은 우리에게 어떤 의미를 주고 있을까요?

Q 하나님은 하갈에게 돌아가라는 명령을 내리십니다. 왜 하나님은 갈등과 박해의 현장으로 돌아가라고 하셨을까요? 하나님은 사래의 편에서 계시는 걸까요? 우리는 이 명령을 어떻게 해석해야 할까요?

Ⅳ. 말씀을 통하여 삶의 이야기로 들어가기

Q 한국사회는 여러 가지 모양의 갈등구조가 심화되고 있습니다. "하갈아, 돌아가라."는 명령을 남북 갈등, 노사 갈등, 이주민과 선주민의 갈등, 선주민의 문화와 이주민 문화의 갈등의 현장에서 어떻게 해석할 수 있으며, 갈등 해소를 위한 구체적인 대안에는 어떤 것이 있을지에 대하여 토론해 봅시다.

Q 사회적인 존재로서 사람이 살아가는 방법을 크게 기생(寄生), 독생(獨生), 공생(共生), 그리고 상생(相生) 네 가지로 요약하여 생각해 볼 수 있습니다. 각각의 특성에 대해서 이야기를 나누어 보고, 어떤 것이 갈등을 극복할 수 있는 삶의 형태인가에 대하여 의견을 나누어 봅시다.

나가면서

창세기 16장의 이야기는 사래의 아픔만을, 하갈의 고통만을 드러내기 위한 이야기가 아닙니다. 그것은 사래와 하갈 모두의 아픔을 치유하시려는 하나님의 더불어 사는 삶의 이야기입니다. 사래는 하갈을 미워하고 그녀와 대립했습니다. 하갈은 사래에게 증오를 발하고 있었습니다. 그들은 서로 갈등관계에 있었습니다. 하나님은 이러한 대립과 분단의 상황 속에서 화해와 조화의 삶을 실천하고 계시는 것입니다.

이것은 사래와 하갈 모두를 갈등의 세계로부터 끌어내는 샬롬, 하나님의 평화의 세계로의 초대입니다. 하갈의 고통이 사래와의 관계에서 비롯되었다는 것을 감안할 때 사래와 더불어 사는 조화, 공존, 화합의 실천이 있는 곳에서만 하갈의 아픔이 치유될 수 있습니다. 이것이 바로 더불어 사는 삶의 실천을 요구하시는 하나님의 음성입니다. 누가 먼저 더불어 사는 삶을 실천할 수 있겠습니까? 먼저 선택받은 자, 약속의 공동체에 이미 있는 자, 힘 있는 자가 하나님의 지상명령을 실천해야 합니다. 선택이란 책임이요, 의무이지, 결코 특권이 될 수 없기 때문입니다. 창세기 16장의 사래와 하갈의 이야기는 더불어 사는 삶의 실천을 분명하게 권고하는 본문입니다.

사래와 하갈 사이에 존재하였던 갈등과 대립의 구조를 넘어서서 함께 살라는, 그래서 화합과 공존, 조화를 이루며 살아가는 사회를 건설하라는 하나님의 명령이 여기에 있는 것입니다. "하갈아, 돌아가라."라고 하시는 하나님의 명령 속에서 우리는 갈등과 대립의 상황 속에 있는 사람들 사이의 증오, 투쟁, 파괴를 넘어서는 화해와 평등과 상생에 기초한 삶의 자리를 건설할 것을 촉구하시는 하나님의 음성을 듣습니다.

4.

우리 모두는 나그네입니다

고경수 목사

출애굽기 22 : 21

21 너는 이방 나그네를 압제하지 말며 그들을 학대하지 말라 너희도 애굽 땅에서 나
그네였음이라

한국에 살고 있는 외국인은 약 2,0600,000명입니다.[1] 이들 가운데 한국의 산업 현장에서 일하고 있는 이주노동자들은 580,000명 정도이고, 결혼(혼인)이민자는 155,000명, 체류 자격이 없는 미등록 이주노동자들은 230,000명이 넘고 있습니다. 우리는 이러한 이주민들을 쉽게 만나게 됩니다. 그런데 안타깝게도 아시아나 아프리카에서 온 사람들이 우리와 피부색이 다르고, 가난한 나라에서 온 사람들이라는 이유로 그들을 무시하거나 차별하는 이야기를 자주 듣습니다. 한국에 선원비자를 받고 온 어느 베트남 노동자가 고기를 잡으러 나가 선장을 살해한 사건, 네팔 이주노동자가 고된 노동과 출국에 대한 압박감을 이기지 못하여 자살하는 끔찍한 사건이 일어났습니다. 이러한 극단적인 일들이 왜 일어나고 있는 걸까요?

이주노동자나 이주여성으로 살아가는 이들에게 자주 듣는 이야기는 "이주노동자는 기계나 잠시 사용하다가 버리는 소모품이 아니다. 이주민도 인간이다. 인간답게 살고 싶다."는 것입니다. 고향을 떠나 이주민으로 살아가는 그들을 향해 그리스도인으로서 어떤 자세를 가져야 할까요? 성경은 하나님의 백성들을 향해 이주민들은 누구이며, 이주민들을 어떻게 대하라고 말씀하고 있을까요?

Q 우리와 함께 살고 있는 이주민들을 보았을 때 들었던 느낌과 생각을 말해 봅시다. 또한 이주민들은 한국 사람들을 만났을 때 어떤 느낌과 생각이 들지 말해 봅시다.

1. 2017년 법무부 통계자료.

Q 우리 주변에 있는 이주노동자들, 결혼(혼인)이주여성들, 그리고 다문화가정의 자녀들은 어떻게 생활하고 있을까요?

Q 고향을 떠나 외국이나 타지에서 장기간 생활해 본 적이 있다면 그 당시 겪었던 어려웠던 경험을 함께 나누어 봅시다. 만약 그런 경험이 없었다면 어떤 어려움이 있을지 상상하면서 이야기해 봅시다.

Ⅱ. 말씀 바라보기

출애굽기는 이집트 바로 왕의 억압 속에서 종살이하던 이스라엘 백성들을 해방시키는 하나님의 구원 이야기입니다. 출애굽 사건에는 이스라엘 민족의 해방만이 아니라 모든 인간을 죄악 된 세상으로부터 구원하고자 하시는 하나님의 사랑이 담겨 있습니다.

하나님은 이스라엘을 애굽으로부터 구원하신 후, 하나님을 잘 섬기게 하려는 목적으로 3대 법전(율법)을 주셨습니다. 그것은 계약법전(출 20 : 22-23 : 33), 성결법전(레 17-26장), 신명기법전(신 12-16장)입니다. 이 법전을 통해 하나님은 정의롭고 평등한 공동체를 세우기 위해 사회적 약자들을 보호해야 한다고 말씀하십니다. 오늘 본문 말씀을 이러한 맥락에서 살펴봅시다.

Q '나그네'의 히브리어 '게르'는 고향을 떠나 장기간 타 지역에 거주하는 사람들로서 전쟁이나 기근 또는 가난 등의 정치적, 경제적, 사회적인 이유로 이스라엘에 정착하여 살면서 이스라엘 사람으로 동화되기를 원하는 외국인 내지 이주민을 가리킵니다. 따라서 '게르'는 이스라엘 안에서 법적으로

나 사회적으로 보호를 받아야 하는 사회적 약자입니다.[2] 출애굽기 22:21에서 하나님은 나그네를 어떻게 대하라고 말씀하십니까?

"너는 이방 나그네를 압제하지 말며 그들을 학대하지 말라 너희도 애굽 땅에서 나그네였음이라"(출 22:21).

Q 이스라엘 민족의 조상인 아브라함의 고향은 메소포타미아 지역의 갈대아 우르였습니다. 그러나 아브라함은 하나님의 말씀대로 고향을 떠나 나그네(게르)로 살았습니다. 아브라함뿐만 아니라 그와 동행했던 조카 롯의 가족도 소돔 성에서 나그네로 지냈고, 그의 손자인 야곱의 가족도 애굽의 고센 땅에서 나그네로 살았습니다. 출애굽기 22:21은 나그네를 왜 그렇게 대해야 한다고 말씀하고 있습니까?(출 23:9 참조)

"너는 이방 나그네를 압제하지 말라 너희가 애굽 땅에서 나그네 되었었은즉 나그네의 사정을 아느니라"(출 23:9).

Q 이스라엘 백성들이 애굽에서 나그네로 살면서 어떤 일을 겪었다고 기록하고 있습니까?(출 1:13-14, 2:23 참조)

"이스라엘 자손에게 일을 엄하게 시켜 어려운 노동으로 그들의 생활을 괴롭게 하니 곧 흙 이기기와 벽돌 굽기와 농사의 여러 가지 일이라 그 시키는 일이 모두 엄하였더라"(출 1:13-14).
"여러 해 후에 애굽 왕은 죽었고 이스라엘 자손은 고된 노동으로 말미암아 탄식하며 부르짖으니 그 고된 노동으로 말미암아 부르짖는 소리가 하나님께 상달된지라"(출 2:23).

2. 박은순 외 지음, 『다문화사회 이야기마당』(꿈꾸는 터, 2017).

III. 말씀 새기기

Q 창세기 1:27~28은 하나님이 인간을 '하나님의 형상'(Imago Dei)으로 창조하셨다고 기록하고 있습니다. 이 '하나님의 형상'이 뜻하는 바는 하나님께서 만드신 모든 피조물을 다스리는 대리자라는 의미를 내포하고 있습니다. 따라서 '하나님의 형상'으로 창조된 모든 사람은 성별, 계급, 인종 그리고 신분에 의한 차별이 없다는 것을 의미한다고 볼 수 있습니다. 이 말씀을 우리와 함께 살아가는 이주민들과의 관계에서 살펴보고 각자의 생각을 나누어 봅시다.

"하나님이 자기 형상 곧 하나님의 형상대로 사람을 창조하시되 남자와 여자를 창조하시고 하나님이 그들에게 복을 주시며 하나님이 그들에게 이르시되 생육하고 번성하여 땅에 충만하라, 땅을 정복하라, 바다의 물고기와 하늘의 새와 땅에 움직이는 모든 생물을 다스리라 하시니라"(창 1:27-28).

Q 이스라엘의 조상 아브라함과 그 자손들은 어떤 사람들이었습니까?(창 12:1-2, 17:8, 신 26:5-6 참조)

"여호와께서 아브람에게 이르시되 너는 너의 고향과 친척과 아버지의 집을 떠나 내가 네게 보여 줄 땅으로 가라 내가 너로 큰 민족을 이루고 네게 복을 주어 네 이름을 창대하게 하리니 너는 복이 될지라"(창 12:1-2).
"내가 너와 네 후손에게 네가 거류하는 이 땅 곧 가나안 온 땅을 주어 영원한 기업이 되게 하고 나는 그들의 하나님이 되리라"(창 17:8).
"너는 또 네 하나님 여호와 앞에 아뢰기를 내 조상은 방랑하는 아람 사람으로서 애굽에 내려가 거기에서 소수로 거류하였더니 거기에서 크고 강하고 번성한 민족이 되었는데 애굽 사람이 우리를 학대하며 우리를 괴롭히며 우리에게 중노동을 시키므로"(신 26:5-6).

Q 하나님이 나그네를 학대하지 말라고 하신 또 다른 이유를 찾아봅시다(출 22:27b, 레 19:33-34 참조).

"그가 내게 부르짖으면 내가 들으리니 나는 자비로운 자임이니라"(출 22:27b).
"거류민이 너희의 땅에 거류하여 함께 있거든 너희는 그를 학대하지 말고 너희와 함께 있는 거류민을 너희 중에서 낳은 자같이 여기며 자기같이 사랑하라 너희도 애굽 땅에서 거류민이 되었었느니라 나는 너희의 하나님 여호와이니라"(레 19:33-34).

Q 사도 바울은 빌립보서 3:20에서 "우리의 시민권은 하늘에 있는지라"라고 말씀하고 있습니다. 그러면 그리스도인은 이 땅에서 어떤 존재입니까?(히 11:13-14 참조)

"그러나 우리의 시민권은 하늘에 있는지라 거기로부터 구원하는 자 곧 주 예수 그리스도를 기다리노니"(빌 3:20).
"이 사람들은 다 믿음을 따라 죽었으며 약속을 받지 못하였으되 그것들을 멀리서 보고 환영하며 또 땅에서는 외국인과 나그네임을 증언하였으니 그들이 이같이 말하는 것은 자기들이 본향 찾는 자임을 나타냄이라"(히 11:13-14).

Q 우리는 이미 다문화, 다인종 국가 속에서 살아가고 있습니다. 이주민들에 대한 우리의 편견과 차별은 결국 이 땅에서 나그네로 살아가는 하나님의 백성으로서의 정체성을 잃어버리게 합니다. 또한 자비로우신 하나님의 사랑을 배반하는 것입니다. 이제 나그네로 살아가는 나 자신과 우리의 이웃으로 함께 살아가고 있는 이주민들이 어떤 관계로 살아가야 할지 구체적으로 말해 봅시다.

Q 3D업종의 노동 현장에서 일하고 있는 이주노동자들, 낯선 문화 속에서 한국 사람으로 동화되어 살도록 강요받는 결혼(혼인)이주여성들, 그리고 다문화가정의 자녀로 태어나 학교에서 따돌림을 당하고 있는 이주민 자녀들을 향해 그리스도인으로서 어떤 태도를 가져야 할까요?

1. 방글라데시 노동자 이야기

“저는 E9 비자(취업비자)로 한국에 왔습니다. 경북 고령에 있는 ○○공단에서 일하고 있습니다. 하루에 12시간, 주간 야간 맞교대로 일합니다. 주간만 일하면 월급이 적은데, 야간에도 일할 수 있어서 좋습니다. 고향에 있는 아내와 아들, 그리고 부모님은 제가 보내는 생활비로 살아가고 있습니다. 또 형님이 일자리가 없어서 형님을 위해서도 용돈을 보내고 있습니다. 그런데 작년에 일하다가 쓰러져서 병원에 갔더니 급성신부전증이라는 진단을 받았습니다. 지금 저는 일주일에 3번씩 혈액투석을 받고 있습니다. 고향에 가면 병원시설이 좋지 않고, 병원비가 비싸서 갈 수 없습니다. 회사에서는 책임이 없다고 집에 돌아가라고 했지만 다행히 교회의 도움을 받아 산재 승인을 받게 되었습니다. 그런데 휴업급여로는 생활이 어려워 회사에서 계속 일하고 있습니다. 지난 주 어머니가 돌아가셨다는 소식을

> 들었습니다. 너무 슬펐지만 병원 문제도 있고, 왕복 경비도 많이 들어서 지금 고향에 갈 수 없습니다."
> (https://www.youtube.com/watch?v=q7AKDrvMLvY)

2. 이주노동자가 일하고 있는 농장에서 일어난 일

> 한국에 온 지 얼마 되지 않은 동남아시아 젊은 청년이 농장에서 그 농장을 관리하는 한국인으로부터 폭행을 당하며 혼나는 장면을 보았습니다. 관리인은 "너 왜 내가 시킨 일을 빨리 안 하는 거야? 빨리 일 안 하면 네 집으로 쫓아 버릴 거야! 알았어?" 그러니까 청년은 머뭇거리다가 "알았어~"라고 대답했습니다. 그 말을 들은 관리인은 큰 목소리로 "'요' 붙여! ××야! 알았어'요'!" 그러니까 영문을 모른 그 청년은 "요 알았어~"라고 했습니다. 그 말을 들은 관리인은 더욱 소리를 크게 지르며 멱살을 잡고 흔들었습니다. "이 ×× 같은 ××! '요' 붙여서 말하란 말이야. '알았어요' 알았어?" 그 상황을 몇 번 반복한 후에야 눈치를 챈 청년은 "아~ 라~ 써~ 요~"라고 대답했습니다.

모든 생명은 하나님께로부터 와서 하나님에게로 돌아갑니다. 그래서 이 땅을 살아가는 모든 사람들은 '나그네 인생'입니다. 나그네는 사회적 신분이 아니라 인간의 본질적인 삶의 자리입니다. 우리와 함께 사는 이주 나그네들을 선대하고, 그들을 사랑하는 것은 "네 이웃을 네 몸과 같이 사랑하라."고 하신 주님의 말씀을 따르는 것입니다.

Reading the Bible
in a Multicultural Society

5.
고정관념과 편견 깨기

최은영 박사

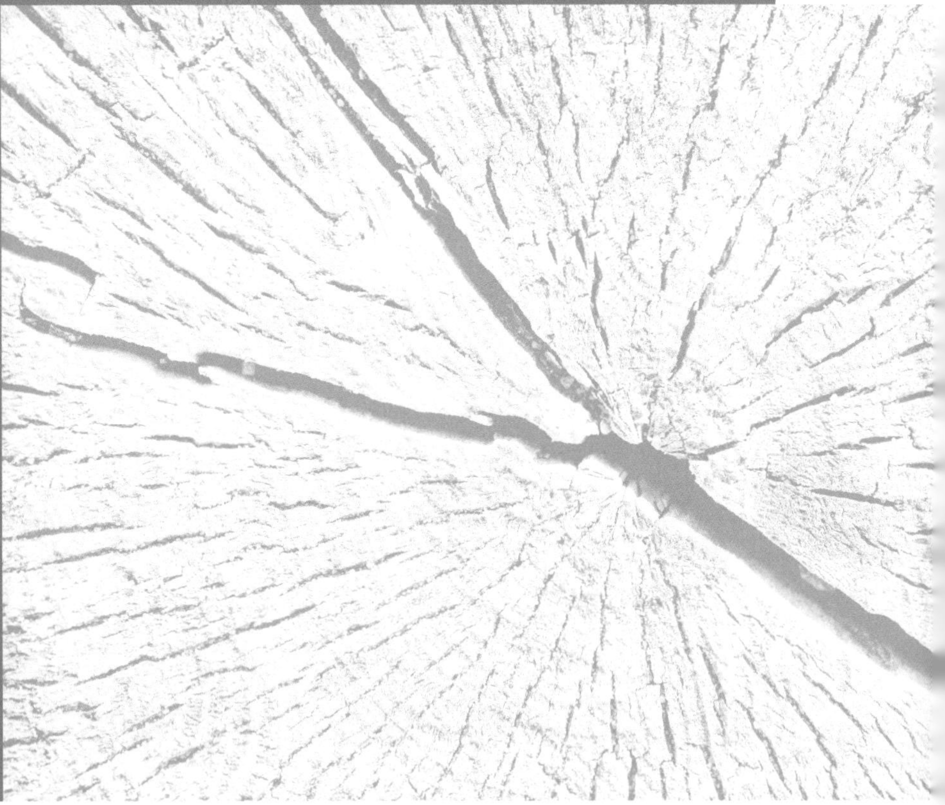

여호수아 2 : 1~24

1 눈의 아들 여호수아가 싯딤에서 두 사람을 정탐꾼으로 보내며 이르되 가서 그 땅
과 여리고를 엿보라 하매 그들이 가서 라합이라 하는 기생의 집에 들어가 거기서 유
숙하더니 2 어떤 사람이 여리고 왕에게 말하여 이르되 보소서 이 밤에 이스라엘 자
손 중의 몇 사람이 이 땅을 정탐하러 이리로 들어왔나이다 3 여리고 왕이 라합에게
사람을 보내어 이르되 네게로 와서 네 집에 들어간 그 사람들을 끌어내라 그들은 이
온 땅을 정탐하러 왔느니라 4 그 여인이 그 두 사람을 이미 숨긴지라 이르되 과연
그 사람들이 내게 왔었으나 그들이 어디에서 왔는지 나는 알지 못하였고 5 그 사람
들이 어두워 성문을 닫을 때쯤 되어 나갔으니 어디로 갔는지 내가 알지 못하나 급히
따라가라 그리하면 그들을 따라잡으리라 하였으나 6 그가 이미 그들을 이끌고 지붕
에 올라가서 그 지붕에 벌여 놓은 삼대에 숨겼더라 7 그 사람들은 요단 나루터까지
그들을 쫓아갔고 그들을 뒤쫓는 자들이 나가자 곧 성문을 닫았더라 8 또 그들이 눕
기 전에 라합이 지붕에 올라가서 그들에게 이르러 9 말하되 여호와께서 이 땅을 너
희에게 주신 줄을 내가 아노라 우리가 너희를 심히 두려워하고 이 땅 주민들이 다
너희 앞에서 간담이 녹나니 10 이는 너희가 애굽에서 나올 때에 여호와께서 너희 앞
에서 홍해 물을 마르게 하신 일과 너희가 요단 저쪽에 있는 아모리 사람의 두 왕 시
혼과 옥에게 행한 일 곧 그들을 전멸시킨 일을 우리가 들었음이니라 11 우리가 듣자
곧 마음이 녹았고 너희로 말미암아 사람이 정신을 잃었나니 너희의 하나님 여호와
는 위로는 하늘에서도 아래로는 땅에서도 하나님이시니라 12 그러므로 이제 청하노
니 내가 너희를 선대하였은즉 너희도 내 아버지의 집을 선대하도록 여호와로 내게
맹세하고 내게 증표를 내라 13 그리고 나의 부모와 나의 남녀 형제와 그들에게 속
한 모든 사람을 살려 주어 우리 목숨을 죽음에서 건져 내라 14 그 사람들이 그에게
이르되 네가 우리의 이 일을 누설하지 아니하면 우리의 목숨으로 너희를 대신할 것
이요 여호와께서 우리에게 이 땅을 주실 때에는 인자하고 진실하게 너를 대우하리
라……

〈참고〉 여호수아 6 : 21~25, 마태복음 1 : 5, 히브리서 11 : 31

Ⅰ. 마음 열기

캐나다의 저스틴 트뤼도 총리는 2015년 당선 이후, '다양성 내각'을 출범시켰다. 그는 남녀 동수 내각을 구성하고, 인종, 장애, 성, 종교에 관계없이 장관을 임명했다. 소말리아 난민 출신인 아흐마드 후센 이민부 장관은 2020년까지 100만 명 이상의 이민자를 받아 캐나다의 숙련된 노동력을 확보할 것이라고 밝혔다. 그는 기자회견에서 "이번 정책으로(총 인구 대비) 이민자 비중이 최대 수준으로 늘어난다."며 "캐나다의 현재와 미래 번영이 보장될 것이다."라고 말했다.

(뉴스 1. 2017/11/2)

Q 이주민(이주남녀노동자, 결혼<혼인>이주여성 등)의 지도력이 증가하는 것에 대하여 어떻게 생각하십니까?

Q 이주민들은 그들이 가진 능력보다 피부색이나 출신 국가 등에 의해 평가받는 경우가 많습니다. 반대로 자신이 그런 평가를 받는다면, 어떤 생각이 들까요?

Ⅱ. 성경본문 살피기

1. 본문을 잘 읽어 봅시다

· 한 구절씩 읽기, 문단 끊어 읽기, 묵상하며 읽기 등을 사용하되, 연결해서 여러 번 읽어도 좋습니다.

· 모르는 단어나 생소한 배경에 대해 찾아봅시다.

2. 아래의 내용을 〈보기〉에서 찾아 완성해 봅시다

본문은 (   )이 애굽으로부터 해방되어 하나님이 약속하신 땅으로 가는 도중에 일어난 사건입니다. 지도자 (   )는 앞서 두 명의 정탐꾼을 (   )으로 보내 상황을 알아보게 합니다. 그곳에서 만난 여성 (   )은 이들을 죽음의 위기에서 살려 주었습니다. 이후 라합은 정복의 날에 자신뿐만 아니라 가족, 친척들까지 모두 구원을 받게 됩니다.

<보기> 이스라엘, 여리고 성, 라합, 여호수아

3. 다음의 질문에 답해 봅시다

Q 라합은 어떤 일을 하는 여성이었습니까? 누구를 위한 일이었을까요?

Q 정탐꾼이 라합을 만나지 못했더라면 어떻게 되었을까요?

Q 라합이 정탐꾼을 만나지 못했더라면 어떻게 되었을까요?

Ⅲ. 단어 살피기

1. 여리고

여리고는 예루살렘에서 북동쪽으로 36km 떨어진 곳으로, 주전 9,000년경부터 있었던 오래된 도시 중의 하나로서 해저 250미터에 있는 세상에서 가장 낮은 도시 중 하나입니다. 엘리사가 여리고 샘의 수질을 좋게 변화시켰다(왕하 2장)고 전해지고 있는데, 실제로 여리고는 비옥한 땅이었습니다. 신약에서는 예수님을 만난 삭개오가 살던 곳(눅 19장)이며, 예수님이 기적을 베푸신 곳(마 20장)이기도 합니다.

2. 라합

라합은 창녀, 기생 등의 직업으로 소개되지만, 좀 더 세밀히 살펴볼 필요가 있습니다. 정탐꾼들이 스스럼없이 가장 먼저 찾은 곳이 라합이 일하고 있는 곳이었습니다. 성문 가까이에 있었던 여관, 손님이 머물고 접대하는 장소로 이해할 수 있습니다. 정탐꾼이 들어온 사실을 안 여리고의 왕이 라합에게 사람을 보내 묻는 것을 볼 때, 라합은 꽤나 중요한 직무를 수행하는 직업을 가진 여성이었음을 알 수 있습니다.

3. 여리고 성 돌기

현대의 상식으로 이해되지 않는 사건입니다. 하지만 하나님은 명령하셨고 이를 그대로 순종한 이스라엘 사람들의 모습을 볼 수 있습니다. 본문의 행진은 참 웅장하고도 조용한 믿음의 행동이었습니다. 적어도 마지막 외침 전까지는. 오늘날 종종 선교 현장이나 자신의 욕구를 충족하기 위해 '땅 밟기'란 이름으로 유사한 행동을 하는 경우를 봅니다. 이는 타 종교, 타 국가에 대한 무례하고 오만한 태도라고 할 수 있습니다. 예의를 갖추고 마음을 다하는 것이 우선되어야 할 것입니다.

Ⅳ. 이주민의 눈으로 성경본문 넓히기

1. 다문화적 관점으로 성경을 읽는다는 것은?

전통적 성경해석에 그치지 않는 적극적 읽기의 한 방법으로 이주민의 입장에서, 여성의 입장에서, 소수자의 입장에서 읽고 해석함으로 더 다양하고 풍부한 내용을 얻을 수 있습니다. 이로 인해 그동안 주변부에서 자신의 목소리를 내지 못했던 이들을 찾고 이들에게 힘을 실어 주게 됩니다. 그것은 하나님의 정의와도 만나며, 이 땅의 작은 자들을 외면하지 말아야 할 이유가 됩니다.

2. 다시 읽는 성경 이야기

1) 여리고 성에 들어온 정탐꾼(외국인)을 환대한 라합

직업여성이었던 라합은 성벽 위에 거주하였기에 성문을 드나드는 사람들에 대해 잘 알았을 것입니다. 이미 이스라엘에게 은혜를 베푸신 하나님에 대해서도 들었을 것이며, 출애굽 사건과 홍해 사건, 정복 사건까지 잘 알고 있었을 것입니다(수 2 : 9-10). 그런 상황에서 이스라엘 정탐꾼이 찾아온 것입니다. 그것도 기생으로 알려진 라합에게 말이죠. 잠시 정탐하러 온 이들이었다면 시대적 상황으로 볼 때 다른 사람, 남성을 찾을 수도 있었을 텐데 여성이자 기생이었던 라합을 찾았습니다. 라합 역시 그들이 위험한 손님임을 알았지만, 신고를 하거나 불친절하기는커녕 정성껏 환대와 대접을 했습니다.

2) 정탐꾼을 살리기 위한 라합의 전략

이스라엘 사람들은 하나님이 약속하신 땅을 향해 가는 과정 가운데 여리고 성을 만났습니다. 하나님이 인도하시는 정탐꾼에게도 죽음의 위기가 있었으며, 이를 지혜롭게 대처한 여리고 성 주민인 라합이 있었습니다. 정탐꾼이 들어왔다는 소식을 전해 들은 여리고 왕은 사람을 보내 다른 사람이 아닌 라합에게 묻습니다. 그만큼 라합은 사회적으로 지위가 있었던 여성이었음을 알 수 있습니다. 그는 여리고 왕(권력자)의 명령보다 하나님에 대한 믿음을 가졌습니다. 그래서 왕에게 거짓말을 하고 자신의 민족이 당할 고통을 받아들입니다. 불의했던 애굽의 바로 왕보다 정의로운 하나님을 더 두려워하여 왕의 명령을 어기고 이스라엘 남자 아기들을 구한 히브리 산파 십브라와 부아(출 1 : 15-17)가 생각납니다. 라합은 지혜롭고도 신속하게 정탐꾼들을 숨겨 주고, 그들이 도망갈 수 있도록 세밀하게 돕습니다.

3) 생명을 요구하는 라합과 이를 허락하신 하나님

라합은 자신이 숨겨 준 정탐꾼들을 찾아가 하나님이 애굽의 종이었던 이스라엘을 구하신 사건을 말하며 자신에게도 은혜를 베풀어 주길 요청합니다. 개인의 안위나 이익이 아닌 부모, 남녀 형제, 그들에게 속한 모든 사람들(수 2 : 13)까지 언급하며 그들의 생명을 지켜 줄 것을 요청합니다. 그리고 약속을 받아 냅니다. 하나님께서 허락하셨기에 가능했습니다. 여리고 성이 하나님의 능력으로 완전히 정복되었지만, 라합에게 속한 사람들은 살아남았다는 것을 기억해야겠습니다.

4) 무너진 여리고 성과 살아남은 라합과 그의 사람들

하나님의 기적은 신실한 기다림 끝에 이뤄질 때가 많습니다. 여리고 성을 칠 일 간 돌며 이스라엘 사람들과 여리고 성 사람들 모두 많은 생각을 했을 것입니다. 조금의 요동함도 없는 견고한 여리고 성, 그래도 소리를 내지 않고 계속 걸어야 했으며 매일 한 바퀴씩, 마지막 칠 일째 일곱 바퀴를 돌고 나팔과 함성을 지른 후에야 볼 수 있었던 기적입니다. 라합은 붉은 줄을 창밖에 매달아 놓고 자신의 집 안에서 가족, 친척들과 그들을 아는 사람들과 함께 하나님의 기적을 경험했을 것입니다.

5) 이후 다윗과 예수님의 조상이 된 라합, 신앙의 모범이 된 라합

여리고 성에서 살아남은 라합의 구체적인 일상에 대해 성경에서는 더 이상 언급하지 않습니다. 하지만 룻기에서 "살몬은 보아스를 낳았고 보아스는 오벳을 낳았고 오벳은 이새를 낳고 이새는 다윗을 낳았더라"(룻 4 : 21-22)라고 기록된 것과는 달리 마태복음에서는 '살몬의 아내, 보아스의 어머니 라합'으로 등장합니다(마 1 : 5). 그렇게 라합은 예수님의 족보에 올라 있습니다. 이는 유대인들이 가장 중요하게 생각하는 족보라 더 의미가 있습니다. 또한 믿음의 사람들을 소개하는 장으로 잘 알려진 히브리서 11장에서도 라합을 소개합니다(히 11 : 31). 비록 이스라엘 편에서 보면 외국 여성이지만, 라합은 아브라함의 족보에 올랐으며 믿음의 가문을 이루게 되었습니다. 라합은 하나님이 주신 믿음을 행동으로 옮긴 위대한 신앙의 모범이 되었습니다.

3. 다음의 질문에 답해 봅시다

Q 하나님이 이스라엘인이 아닌 외국인이자 여성인 라합을 선택하셨다는 것에 대해 어떻게 생각하십니까?

Q 정탐꾼을 살릴 뿐 아니라 가족 모두를 살리기 위해 라합은 어떤 행동을 했습니까?

Q 하나님의 말씀을 믿고 여리고 성을 묵묵히 돌았던 이스라엘 사람들과 성이 무너진다는 소식을 듣고 라합의 집에 거한 사람들은 결국 어떻게 되었습니까?

Q 라합이 진정으로 원한 것은 무엇이었을까요?

V. 더불어 사는 믿음 다지기

기생으로 소개되는 라합, 그러나 하나님은 그를 사용하셨습니다. 정탐꾼들은 그의 도움을 받았으며, 그로 인해 가족과 친척, 그에 속한 사람들까지 여리고 성이 멸망할 때 구원을 얻었습니다. 라합이 희망했던 것은 하나님이 함께하시는 정의롭고 평등한 사회였습니다. 누구나 존중받고 환영하며, 서로의 생각을 나눌 수 있는 사회 말입니다. 이스라엘 민족의 일원이 된 라합은 이후 예수님의 조상의 반열에 오르며 믿음의 선조로 높임을 받습니다. 라합의 이야기를 통해 민족과 국가의 경계를 허물고 이스라엘 정탐꾼을 하나님의 사람들로 받아들일 수 있는 믿음이 중요함을 깨닫습니다.

Q 자신이 라합의 집에서 여리고 성이 무너질 때 살아남는 기적을 경험하였다고 상상해 봅시다. 그때의 감정을 나누고 어떤 믿음의 태도로 삶을 살아야 할지 생각해 봅시다.

Q 하나님은 기존의 고정관념과 편견을 깨고 행동하시는 분임을 기억할 때, 내 안에 있는 이주민에 대한 고정관념과 편견을 어떻게 바꿀 수 있을지 서로 대화해 봅시다.

Q 오늘 배운 내용을 중심으로 이 시대의 라합[1]을 찾아봅시다(선주민으로서, 이주민으로서).

우리나라에 찾아온 이주민들에 대한 고정관념과 편견을 깨고, 우리에게 보내신 하나님의 사람임을 확신하며 사랑과 섬김으로 그들을 대해야겠습니다. 라합과 같이 하나님 나라를 위해 일하는 이들이 많아져야 합니다. 우리 모두 믿음의 눈을 가지고 주변을 돌보고 살리는 일을 하기 위해 더 노력해야겠습니다.

1. 선주민으로서의 라합은 편견이나 고정관념 없이 믿음의 눈으로 이주민을 볼 수 있었던 사람을 의미한다. 이주민으로서의 라합은 이스라엘에 편입되어 그 전통을 주체적으로 이어나간 사람을 의미한다.

6.

결혼(혼인)이민자도 행복한 사회

박천응 목사

룻기 1 : 8~16

8 나오미가 두 며느리에게 이르되 너희는 각기 너희 어머니의 집으로 돌아가라 너희
가 죽은 자들과 나를 선대한 것같이 여호와께서 너희를 선대하시기를 원하며 9 여
호와께서 너희에게 허락하사 각기 남편의 집에서 위로를 받게 하시기를 원하노라
하고 그들에게 입 맞추매 그들이 소리를 높여 울며 10 나오미에게 이르되 아니니이
다 우리는 어머니와 함께 어머니의 백성에게로 돌아가겠나이다 하는지라 11 나오미
가 이르되 내 딸들아 돌아가라 너희가 어찌 나와 함께 가려느냐 내 태 중에 너희의
남편 될 아들들이 아직 있느냐 12 내 딸들아 되돌아가라 나는 늙었으니 남편을 두지
못할지라 가령 내가 소망이 있다고 말한다든지 오늘 밤에 남편을 두어 아들들을 낳
는다 하더라도 13 너희가 어찌 그들이 자라기를 기다리겠으며 어찌 남편 없이 지내
겠다고 결심하겠느냐 내 딸들아 그렇지 아니하니라 여호와의 손이 나를 치셨으므로
나는 너희로 말미암아 더욱 마음이 아프도다 하매 14 그들이 소리를 높여 다시 울더
니 오르바는 그의 시어머니에게 입 맞추되 룻은 그를 붙좇았더라 15 나오미가 또 이
르되 보라 네 동서는 그의 백성과 그의 신들에게로 돌아가나니 너도 너의 동서를 따
라 돌아가라 하니 16 룻이 이르되 내게 어머니를 떠나며 어머니를 따르지 말고 돌아
가라 강권하지 마옵소서 어머니께서 가시는 곳에 나도 가고 어머니께서 머무시는
곳에서 나도 머물겠나이다 어머니의 백성이 나의 백성이 되고 어머니의 하나님이
나의 하나님이 되시리니

Ⅰ. 마음 열고 다가가기

1. 성경공부를 통한 기대

· 국내 체류 결혼(혼인)이민자의 실태를 이해합니다.

· 성서 속 결혼(혼인)이민자에 대한 태도는 무엇인지 알아봅니다.

· 상호문화적 관점에서 결혼(혼인)이민자들을 위해 교회가 할 수 있는 일이 무엇인지 알아봅니다.

2. 성경공부 진행방법

· 성경공부는 7명이 넘지 않는 정도의 소그룹으로 진행합니다.

· 소그룹 모임 시 둥근 형태로 둘러앉으면 상호 경청하기가 좋습니다.

· 다른 사람이 말할 때는 충분히 들어 주고, 가능하면 논쟁을 피하도록 합니다.

· 지난주에 어떤 일들이 있었는지 구성원들과 서로 공유합니다.

Ⅱ. 세상 바라보기

Q 내가 아는 결혼(혼인)이민자의 인상은 무엇이고, 그 이유가 무엇인지 말해 봅시다.

Q 국내에서 국제결혼 비중이 늘어나는 현상에 대하여 어떻게 생각하는지 말해 봅시다.

Q 다음 기사를 구성원 중 한 사람이 읽어 봅시다.

결혼이주여성들의 '가정 내 인권침해'가 심각한 것으로 나타나 정부 차원의 개선 노력이 시급하다는 목소리가 커지고 있다. 물리적 폭력은 물론 출신 국가를 무시하거나 인격적 모욕을 주고, 심지어 외출 금지와 신분증 압수 등도 자행되는 것으로 나타나고 있다. 결혼이주여성을 대상으로 한 연구에 따르면 응답자의 44.4%가 '가정 내 언어폭력을 경험했다'고 답했으며, '가정에서 신체적 폭력을 당한 경험이 있다'는 응답은 18.6%로서 전체 63%가 폭력을 경험하였다.

다음의 사례는 일상생활에서 쉽게 만날 수 있는 내용이다. 베트남 출신 A씨가 고향 음식을 만들었더니 시어머니가 '개밥' 같다며 핀잔을 줘 상처가 되었다. 캄보디아 출신 B씨는 남편이 생활비를 줄 때마다 "이 돈이 캄보디아 돈으로 환산하면 얼마인지 아느냐?"며 면박을 줘 자존심이 상했다.
(김지영, "결혼이주여성의 인권침해 실태 및 대책에 관한 연구"<한국형사정책연구원, 2011>)

Q 위 기사와 사례를 접했을 때 어떤 생각이 듭니까?

Q 결혼(혼인)이주여성들이 쉽게 폭력에 노출되는 이유는 무엇일까요?

Q EBS "다문화 고부열전" 등에서 시어머니가 결혼(혼인)이주여성을 핍박하는 장면이 자주 발견됩니다. 이러한 문제가 해결되려면 무엇이 필요할까요?

Ⅲ. 말씀으로 비추어 보기

1. 본문의 배경 이해

사사시대에 예루살렘 근처 베들레헴이라는 지역에 엘리멜렉과 나오미 부부가 살고 있었습니다. 그런데 이 지역에 흉년이 들었습니다. 생계 문제를 고민하던 부부는 자기 고향을 떠나 이방 지역인 모압으로 이주하여 살게 되었습니다. 이들 부부가 모압 지역에서 이주민으로 살아가는 것은 쉽지 않았습니다. 그러던 어느 날 큰 불행이 닥쳤습니다. 남편 엘리멜렉이 사망한 것입니다. 두 아들을 키우며 혼자 남게 된 나오미는 쉽게 베들레헴으로 돌아가지 못했습니다. 결국 나오미는 말론과 기룐 두 아들과 함께 이방 지역에 계속 머물며 살 수밖에 없었습니다. 두 아들은 성장하여 성인이 되었습니다. 두 아들은 모압 지방에서 다른 종족의 아가씨를 만나 국제결혼을 하게 되었습니다. 그런데 무슨 일인지 나오미의 두 아들마저 죽고 말았습니다. 두 아들을 잃고 절망 속에 살던 나오미는 고향인 베들레헴으로 돌아갈 것을 결심합니다. 그리고 두 며느리에게 각자 자기 고향으로 돌아갈 것을 권합니다. 두 며느리 중 오르바는 자기 종족에게로 돌아가지만, 룻은 시어머니를 따라가겠다고 나서는 것이 본문의 내용입니다.

2. 성서와 대화

Q 본문을 읽으면서 가장 마음에 다가오는 단어는 무엇이며, 그 이유가 무엇인지 이야기를 나누어 봅시다.

Q 나오미는 며느리들에게 각자 자신의 집으로 돌아가라고 말합니다. 나오미가 이렇게 말한 이유는 무엇일까요?

Q 나오미는 자기 고향인 유다 베들레헴으로 돌아가고자 합니다. 나오미의 권면대로 첫째 며느리 오르바는 모압 땅에 남기로 합니다. 그러나 둘째 며느리 룻은 시어머니를 따라가겠다고 합니다. 왜 그랬을까요? 내가 한국에 온 결혼(혼인)이주민이라고 가정할 때 오르바 또는 룻의 결정 중 어떤 결정이 더 합리적일지 자신의 생각을 나누어 봅시다.

Q 유다 땅으로 이주한 룻은 생계를 위해 일을 해야 했습니다(룻 2:2). 나오미는 며느리 룻에게 유다의 문화와 예절을 가르쳐 줍니다(룻 3:1-5). 나오미는 룻이 재혼을 통하여 좀 더 안전한 삶을 통해 사회통합이 이루어지기를 소망합니다. 결혼(혼인)이민자들이 국내에서 건강한 사회통합[1)]을 이루며 살아갈 수 있는 방안은 무엇일까요?

Q 당시 베들레헴 사람들은 모압 사람에 대하여 무시하고 경계하는 태도를 가졌습니다. 그런데 보아스는 나오미의 며느리 룻에게 다음과 같은 말을 했습니다. "네 남편이 죽은 후로 네가 시어머니에게 행한 모든 것과 네 부모와 고국을 떠나 전에 알지 못하던 백성에게로 온 일이 내게 분명히 알려졌느니라 여호와께서 네가 행한 일에 보답하시기를 원하며 이스라엘의 하나님 여호와께서 그의 날개 아래에 보호를 받으러 온 네게 온전한 상 주시기를 원하노라"(룻 2:11-12). 결혼(혼인)이민자가 이주 국가에서 사회의 한 일원으로서 건강하게 살아간다는 것은 무엇일까요?

---

1. 사회통합은 비통합적인 상태에 있는 사회 내 집단이나 개인이 서로 적응함으로써 단일의 집합체로 통합되어 가는 과정이다. 법무부의 사회통합 프로그램은 이민자의 한국사회 조기 적응 및 안정적인 사회 정착을 지원하기 위한 교육과정(① 한국어 기초 ② 한국어와 한국문화 과정 ③ 한국사회 이해 과정)을 두고, 이수한 이민자에게 국적 취득과 체류 허가 등에서 이민정책 방향에 맞도록 편의를 제공하는 제도이다. 사회통합이 당사자를 고려하지 않고 일방적일 경우 '다문화주의'가 아닌 '동화주의'가 될 수 있다는 염려도 있다.

Ⅳ. 말씀 따라 살기

유다 땅으로 돌아온 시어머니 나오미와 모압 출신 이민자 룻은 베들레헴에서 새로운 생활을 하게 되었습니다. 지혜로운 시어머니의 권고와 중재는 결혼(혼인)이민자 룻이 예수님의 혈통을 잇는 모계 조상의 반열에 오르는 영광을 얻게 했습니다. 이것은 모압 땅에서 이민자로 살았던 시어머니가 모압 출신 며느리를 존중하여 주었고, 남편은 없지만 시어머니와 함께 결혼(혼인)이민자로 살아가는 룻이 시어머니 가족을 존중해 준 결과로 보입니다.

Q 룻과 나오미의 이야기를 교훈 삼아 결혼(혼인)이민자들이 한국사회에서 결혼과 출산, 양육, 사회적응 등의 과정에서 겪는 어려운 문제를 해결하기 위해 우리와 교회가 할 수 있는 일은 무엇일까요?

Q 한쪽만 계속 도움을 받는 관계는 없습니다. 한국사회에서 결혼(혼인)이민자 등에게 시혜를 베푸는 태도는 한계가 있습니다. 결혼(혼인)이민자 등 국내 체류 이민자와 친구가 되기 위해서는 어떤 태도를 가져야 할까요?

Q 결혼(혼인)이민자들이 룻과 같이 지역 사회와 교회생활에 적극 참여하고 대접을 받으며 살아가기 위해서 교회와 결혼(혼인)이민자들이 개선해야 할 점은 무엇일까요?

V. 함께 기도하기

"주님, 한국 사람과 결혼하여 살아가는 결혼(혼인)이민자들을 기억하소서. 말이 서툴고, 문화가 다르고, 외모도 다르다는 이유로 편견과 차별 속에서 살아가는 결혼(혼인)이민자들이 있습니다. 한국말이 서툴다고 심지어 자식에게마저 '엄마, 바보야? 한국말 못해?'라는 가슴 아픈 말을 듣습니다. 시댁으로부터 감당하기 어려운 일들을 많이 당합니다. 아이를 버리고 도망가고 싶은 마음도 생깁니다. 하나님, 결혼(혼인)이민자를 불쌍히 여겨 주소서. 비록 출신국이 다르지만 하나님의 형상으로 지음 받은 한 사람으로 인정받으며 살아가게 하소서. 일방의 도움이 아닌 상호 섬김으로 한국사회에서 결혼(혼인)이민자들이 자존감을 가지고 살아갈 수 있도록 우리 사회의 일원으로 서게 도와주소서. 예수님의 이름으로 기도합니다. 아멘."

7.
모두 함께 만들어 가는 역사

김호경 목사

창세기 38 : 1~30

…… 7 유다의 장자 엘이 여호와가 보시기에 악하므로 여호와께서 그를 죽이신지라 8 유다가 오
난에게 이르되 네 형수에게로 들어가서 남편의 아우 된 본분을 행하여 네 형을 위하여 씨가 있
게 하라 9 오난이 그 씨가 자기 것이 되지 않을 줄 알므로 형수에게 들어갔을 때에 그의 형에게
씨를 주지 아니하려고 땅에 설정하매 10 그 일이 여호와가 보시기에 악하므로 여호와께서 그도
죽이시니 11 유다가 그의 며느리 다말에게 이르되 수절하고 네 아버지 집에 있어 내 아들 셀라가
장성하기를 기다리라 하니 셀라도 그 형들같이 죽을까 염려함이라 다말이 가서 그의 아버지 집
에 있으니라 ……

사무엘하 11 : 1~27

1 그해가 돌아와 왕들이 출전할 때가 되매 다윗이 요압과 그에게 있는 그의 부하들과 온 이스라
엘 군대를 보내니 그들이 암몬 자손을 멸하고 랍바를 에워쌌고 다윗은 예루살렘에 그대로 있더
라 2 저녁 때에 다윗이 그의 침상에서 일어나 왕궁 옥상에서 거닐다가 그곳에서 보니 한 여인이
목욕을 하는데 심히 아름다워 보이는지라 3 다윗이 사람을 보내 그 여인을 알아보게 하였더니
그가 아뢰되 그는 엘리암의 딸이요 헷 사람 우리아의 아내 밧세바가 아니니이까 하니 4 다윗이
전령을 보내어 그 여자를 자기에게로 데려오게 하고 그 여자가 그 부정함을 깨끗하게 하였으므
로 더불어 동침하매 그 여자가 자기 집으로 돌아가니라 5 그 여인이 임신하매 사람을 보내 다윗
에게 말하여 이르되 내가 임신하였나이다 하니라 6 다윗이 요압에게 기별하여 헷 사람 우리아를
내게 보내라 하매 요압이 우리아를 다윗에게로 보내니 7 우리아가 다윗에게 이르매 다윗이 요압
의 안부와 군사의 안부와 싸움이 어떠했는지를 묻고 8 그가 또 우리아에게 이르되 네 집으로 내
려가서 발을 씻으라 하니 우리아가 왕궁에서 나가매 왕의 음식물이 뒤따라가니라 9 그러나 우리
아는 집으로 내려가지 아니하고 왕궁 문에서 그의 주의 모든 부하들과 더불어 잔지라 10 어떤 사
람이 다윗에게 아뢰되 우리아가 그의 집으로 내려가지 아니하였나이다 다윗이 우리아에게 이르
되 네가 길 갔다가 돌아온 것이 아니냐 어찌하여 네 집으로 내려가지 아니하였느냐 하니 11 우리
아가 다윗에게 아뢰되 언약궤와 이스라엘과 유다가 야영 중에 있고 내 주 요압과 내 왕의 부하
들이 바깥 들에 진 치고 있거늘 내가 어찌 내 집으로 가서 먹고 마시고 내 처와 같이 자리이까
내가 이 일을 행하지 아니하기로 왕의 살아 계심과 왕의 혼의 살아 계심을 두고 맹세하나이다
하니라 12 다윗이 우리아에게 이르되 오늘도 여기 있으라 내일은 내가 너를 보내리라 우리아가
그날에 예루살렘에 머무니라 이튿날 13 다윗이 그를 불러서 그로 그 앞에서 먹고 마시고 취하게
하니 저녁 때에 그가 나가서 그의 주의 부하들과 더불어 침상에 눕고 그의 집으로 내려가지 아
니하니라 14 아침이 되매 다윗이 편지를 써서 우리아의 손에 들려 요압에게 보내니 15 그 편지에
써서 이르기를 너희가 우리아를 맹렬한 싸움에 앞세워 두고 너희는 뒤로 물러가서 그로 맞아 죽
게 하라 하였더라 16 요압이 그 성을 살펴 용사들이 있는 것을 아는 그곳에 우리아를 두니 17 그
성 사람들이 나와서 요압과 더불어 싸울 때에 다윗의 부하 중 몇 사람이 엎드러지고 헷 사람 우
리아도 죽으니라 ……

〈참고〉 마태복음 1 : 1~17

Ⅰ. 성경공부의 목적

마태복음의 족보 속에는 이방인의 이름들이 나옵니다. 유대인의 역사를 기록하고 있는 족보 속에 이방인들이 나온다는 것은 족보가 유대인들의 배타성을 폭로하고 이방인과 유대인으로 구성된 하나님의 역사를 보여 준다는 것을 의미합니다. 그러므로 예수님의 족보 속에 나오는 이방인들의 삶의 궤적을 좇아가 보는 것은, 선주민과 이주민이 함께 만들어 가는 현시대 우리의 역사적 의미를 되새기게 할 것입니다. 함께 역사를 만들어 가는 것은 어떤 의미일까요? 어떻게 하면 하나님의 아름다운 역사를 만들어 갈 수 있을까요? 본 과를 통해서 이러한 주제를 살펴보며, 선주민과 이주민이 함께하는 보다 나은 삶을 찾아보고자 합니다. 족보 속에 나오는 이방인들로는 다말, 룻, 라합, 우리아의 아내가 있습니다. 이들 중 룻과 라합은 다른 과에서 다루어졌기 때문에 간단하게 언급하고, 여기서는 주로 다말과 우리아의 아내의 이야기를 다루도록 하겠습니다.

Ⅱ. 생각 열기

Q 어떤 상황에서 이주민들을 만나게 됩니까? 그럴 경우, 그들에 대한 인상은 어떠합니까?

Q 이주민들과 지속적인 관계를 맺은 경험이 있습니까? 어떤 상황에서 그런 관계를 맺게 되었습니까?

Q 룻기 4:13~17을 읽으면 어떤 생각이 듭니까? 룻이 낳은 아이에게 '오벳'이라는 이름을 부여한 것은 어떤 의미가 있을까요?

> "이에 보아스가 룻을 맞이하여 아내로 삼고 그에게 들어갔더니 여호와께서 그에게 임신하게 하시므로 그가 아들을 낳은지라 여인들이 나오미에게 이르되 찬송할지로다 여호와께서 오늘 네게 기업 무를 자가 없게 하지 아니하셨도다 이 아이의 이름이 이스라엘 중에 유명하게 되기를 원하노라 이는 네 생명의 회복자이며 네 노년의 봉양자라 곧 너를 사랑하며 일곱 아들보다 귀한 네 며느리가 낳은 자로다 하니라 나오미가 아기를 받아 품에 품고 그의 양육자가 되니 그의 이웃 여인들이 그에게 이름을 지어 주되 나오미에게 아들이 태어났다 하여 그의 이름을 오벳이라 하였는데 그는 다윗의 아버지인 이새의 아버지였더라"(룻 4:13-17).

Ⅲ. 성경본문 들여다보기

1. 다말 이야기

Q 창세기 38:1~11에 언급된 대로, 유다의 아들들이 차례로 죽어 나갈 때 유다는 다말에 대해서 어떤 감정을 가졌을까요?

유다가 형제들을 떠나 가나안에 머무를 때 가나안인은 선주민이며, 유다는 이주민의 모습으로 나타납니다. 이주민인 유다의 가족들은 가나안 여자들과의 결혼을 통해서 가나안에 정착합니다. 유다의 부인이 가나안인이었던 것처럼, 유다의 며느리인 다말도 가나안인으로 여기는 것이 자연스럽습니다. 그러다가 다말의 남편인 엘이 죽자 다말은 오난의 부인이 됩니다. 오난도 죽자 이제 다말은 셀라의 부인이 되어야 하지만, 유다는 다말을 집으로 돌려보냅니다.[1] 이유가 어찌 되었건, 결과적으로 그들은 형의 이름으로 자녀를 기르고 다말이 어떠한 형편에서든지 사회구조 안에서 정상적 위치를 차지할 수 있는 기회를 박탈했습니다. 유다는 이주민으로서 가나안인과의 결혼을 통해서 그 지역에 정착했지만, 자신의 이해관계에 따라서 언제든지 그 관계를 파기하는 모습을 보입니다.

Q 유다와 그의 아들들이 생각하는 공동체의 모습은 어떤 것이었을까요?

Q 다말이 이방인이 아니었더라도 그들이 관습적으로 지키는 법을 그렇게 쉽사리 어길 수 있었을까요?

Q 결국 유다는 다말을 다시 공동체로 불러들입니다. 그리고 26절에서 유다는 "그는 나보다 옳도다 내가 그를 내 아들 셀라에게 주지 아니하였음이로다"라고 말합니다. 유다의 고백은 무엇을 의미할까요?

1. 이는 시형제 결혼법을 배경으로 하는데, 이것은 여자를 그 남자 형제들에게 대물리는 관습이다. 이 관습은 다말이 오난과 낳은 자녀를 그 형인 엘의 자녀가 되게 함으로써 죽은 엘이 자신의 이름을 남길 수 있게 되고, 다말은 남편의 가문 안에서 생존하며 남편이 없을 때 생길 경제적 궁핍에서도 벗어날 수 있는 계기가 된다. 이 법은 남자의 집안과 재산을 보호하는 남성보호법의 특징을 가지지만, 여자에게는 생존권이 보장될 수 있는 최소한의 안전장치라고도 할 수 있다. 오난이 다말을 거부하고 또한 유다가 다말을 다시 부르지 않은 이유에 대해서는 다만 추측할 수 있을 뿐이다. 아마도 오난은 형의 아이를 낳아서 자신의 재산을 나누고 싶지 않았을 것이며, 유다는 자신의 아들들의 죽음이 다말 때문이라고 생각해서 막내아들을 보호하고자 했을 것이다.

2. 우리아의 아내 이야기

Q 사무엘하 11:1~17에 언급된 대로, 전쟁 기간에 행한 다윗의 모습과 우리아의 모습을 비교해 봅시다.

Q 마태복음에 나오는 족보에서 "이새는 다윗 왕을 낳으니라 다윗은 우리야[2]의 아내에게서 솔로몬을 낳고"(마 1:6)를 읽을 때, 어떤 느낌이 듭니까? 마태복음은 왜 우리가 잘 아는 '밧세바'라는 이름을 쓰지 않고 '우리아의 아내'라고 명기했을까요?

다윗은 이스라엘의 기초를 이룬 왕입니다. 그러나 다윗 왕국은 이스라엘 사람으로만 이루어지지 않았다는 것을 성경은 분명하게 말해 주고 있습니다.[3] 다윗 왕국은 다윗의 힘만으로도, 또는 이스라엘의 힘만으로도 이루어지지 않았습니다. 다윗을 도왔던 수많은 이방인들이 다윗 왕국을 세우는 데 힘을 모았습니다. 그리고 사무엘하 23 : 39은 다윗을 도왔던 37명의 우두머리 용사들 중에 '헷 사람 우리아'가 있었다고 전합니다.

Q 다윗 왕국을 일군 사람들 중에 이방인들의 피가 섞여 있다는 것은 무엇을 의미합니까?

---

2. 마태복음 1 : 6에는 '우리야'로 표현되어 있다.

3. 사무엘하 23 : 8~39에는 다윗을 도왔던 37명의 사람들이 그들의 출신 성분과 함께 언급된다. 이와 병행을 이루고 있는 역대상 11 : 10~47은 "다윗에게 있는 용사의 우두머리는 이러하니라 이 사람들이 온 이스라엘과 더불어 다윗을 힘껏 도와 나라를 얻게 하고 그를 세워 왕으로 삼았으니 이는 여호와께서 이스라엘에 대하여 이르신 말씀대로 함이었더라"(10절)로 시작된다. 역대상과 열왕기하에 나타난 이 명단들은 많은 이방인들이 다윗을 도왔다는 것을 알려 준다.

Q 자신을 위해 목숨을 내놓고 싸우는 부하의 아내를 취하고 그것을 감추기 위해서 계략을 짜는 다윗의 모습은 어떠합니까?

다윗은 자신을 도왔던 이방인들의 목숨을 중요하게 생각하지 않았고, 자신의 왕국이 어떻게 이루어졌는지 돌아보지 않았으며, 자신의 욕망을 억제하기 위해 노력하지 않은 채 그것을 덮으려는 죄를 더하였습니다. 그로 인해서 엘리암의 딸 밧세바와 이방인인 우리아가 희생자가 되었습니다.[4)]

Q 다윗의 행위가 공동체에 끼친 결과는 무엇입니까?

Q 마태복음 족보에서 '밧세바' 대신 '우리아의 아내'라는 표현을 넣음으로써, 다윗 왕국에 헌신한 이방인들을 기억하게 해 줍니다. 이것은 무엇을 의미할까요?

Ⅳ. 삶으로 물어보기

Q 이주민과 선주민은 필요에 따라서 관계를 맺을 수 있습니다. 그리고 필요가 해소되면 그 관계도 파기될 수 있습니다. 유다와 다말, 다윗과

4. 나단 예언자는 밧세바와 우리아에게 행한 다윗의 악함이 여호와의 벌을 면할 수 없다고 예언하였고, 다윗 이후의 이야기에서 나단의 예언이 실현된다(삼하 16 : 22). 여기에 힘을 보태는 것은 아히도벨의 책략이다. 사무엘하 11 : 3은 헷 사람 우리아의 아내인 밧세바가 엘리암의 딸이라고 전한다. 그리고 사무엘하 23 : 34은 엘리암이 아히도벨의 아들이라고 말한다. 그렇다면 압살롬의 책사가 된 아히도벨의 모습에서 다윗의 악행에 대한 보복의 그림자를 지우기는 힘들다.

우리아의 관계는 이러한 예를 보여 줍니다. 그러나 이렇게 필요만 채우는 관계가 지속된다면 공동체는 어떤 모습이 될까요?

Q 룻의 경우도 다르지 않습니다. 이방인 룻이 낳은 아기는 어느새 유대인 나오미의 아기로 명명됩니다. 그러나 마태복음의 족보는 매우 분명하게 "보아스는 룻에게서 오벳을 낳고 오벳은 이새를 낳고"(마 1:5)라며 이방인 룻을 예수님의 족보 속에 올립니다. 이것은 무엇을 의미할까요?

Q 성경은 잘못된 관계들을 교정해 줍니다. 유다로 하여금 자신의 죄를 고백하게 하고, 나단으로 하여금 다윗의 죄를 지적하며, 룻을 예수님의 족보에 올립니다. 필요에 따른 관계가 아니라, 끊임없이 지속적으로 함께 살아가야 하는 관계가 하나님이 원하시는 것이기 때문입니다. 이주민들과 선주민들의 관계도 마찬가지입니다. 우리는 함께 역사를 만들어 가는 관계입니다. 어떤 관계로 함께 역사를 만들어 나갈지 생각해 봅시다. 혹 잘못된 관계가 있었다면 고백해 봅시다.

Q 이런 의미에서 족보에 나온 이방인 라합은 우리의 새로운 관계가 어디로부터 시작하는지 보여 줍니다. 여리고의 기생이었던 라합은 "여호와께서 이 땅을 너희에게 주신 줄을 내가 아노라 우리가 너희를 심히 두려워하고 이 땅 주민들이 다 너희 앞에서 간담이 녹나니 이는 너희가 애굽에서 나올 때에 여호와께서 너희 앞에서 홍해 물을 마르게 하신 일과 너희가 요단 저쪽에 있는 아모리 사람의 두 왕 시혼과 옥에게 행한 일 곧 그들을 전멸시킨 일을 우리가 들었음이니라 우리가 듣자 곧 마음이 녹았고 너희로 말미암아 사람이 정신을 잃었나니 너희의 하나님 여호와는 위로는 하늘에서도 아래로는 땅에서도 하나님이시니라"(수 2:9-11)라고 고백합니다. 낯선 이들과 목숨을 걸고 새로운 역사를 만들 수 있는 원천이 여기 있습니다. 우리가 어떻게, 누구와, 어떤 역사를 만들고 있는지, 혹은 만들어야 할지 이야기해 봅시다.

8.
하나님의 사랑을 나누는 삶

오현선 목사

열왕기하 4 : 8~37

…… 17 여인이 과연 잉태하여 한 해가 지나 이때쯤에 엘리사가 여인에게 말한 대로
아들을 낳았더라 18 그 아이가 자라매 하루는 추수꾼들에게 나가서 그의 아버지에게
이르렀더니 19 그의 아버지에게 이르되 내 머리야 내 머리야 하는지라 그의 아버지가
사환에게 말하여 그의 어머니에게로 데려가라 하매 20 곧 어머니에게로 데려갔더니
낮까지 어머니의 무릎에 앉아 있다가 죽은지라 21 그의 어머니가 올라가서 아들을 하
나님의 사람의 침상 위에 두고 문을 닫고 나와 22 그 남편을 불러 이르되 청하건대 사
환 한 명과 나귀 한 마리를 내게로 보내소서 내가 하나님의 사람에게 달려갔다가 돌
아오리이다 하니 23 그 남편이 이르되 초하루도 아니요 안식일도 아니거늘 그대가 오
늘 어찌하여 그에게 나아가고자 하느냐 하는지라 여인이 이르되 평안을 비나이다 하
니라 24 이에 나귀에 안장을 지우고 자기 사환에게 이르되 몰고 가라 내가 말하지 아
니하거든 나를 위하여 달려가기를 멈추지 말라 하고 25 드디어 갈멜 산으로 가서 하나
님의 사람에게로 나아가니라 하나님의 사람이 멀리서 그를 보고 자기 사환 게하시에
게 이르되 저기 수넴 여인이 있도다 26 너는 달려가서 그를 맞아 이르기를 너는 평안
하냐 네 남편이 평안하냐 아이가 평안하냐 하라 하였더니 여인이 대답하되 평안하다
하고 27 산에 이르러 하나님의 사람에게 나아가서 그 발을 안은지라 게하시가 가까이
와서 그를 물리치고자 하매 하나님의 사람이 이르되 가만 두라 그의 영혼이 괴로워하
지마는 여호와께서 내게 숨기시고 이르지 아니하셨도다 하니라 28 여인이 이르되 내
가 내 주께 아들을 구하더이까 나를 속이지 말라고 내가 말하지 아니하더이까 하니 29
엘리사가 게하시에게 이르되 네 허리를 묶고 내 지팡이를 손에 들고 가라 사람을 만
나거든 인사하지 말며 사람이 네게 인사할지라도 대답하지 말고 내 지팡이를 그 아이
얼굴에 놓으라 하는지라 30 아이의 어머니가 이르되 여호와께서 살아 계심과 당신의
영혼이 살아 계심을 두고 맹세하노니 내가 당신을 떠나지 아니하리이다 엘리사가 이
에 일어나 여인을 따라가니라 31 게하시가 그들보다 앞서 가서 지팡이를 그 아이의 얼
굴에 놓았으나 소리도 없고 듣지도 아니하는지라 돌아와서 엘리사를 맞아 그에게 말
하여 아이가 깨지 아니하였나이다 하니라 32 엘리사가 집에 들어가 보니 아이가 죽었
는데 자기의 침상에 눕혔는지라 33 들어가서는 문을 닫으니 두 사람뿐이라 엘리사가
여호와께 기도하고 34 아이 위에 올라 엎드려 자기 입을 그의 입에, 자기 눈을 그의 눈
에, 자기 손을 그의 손에 대고 그의 몸에 엎드리니 아이의 살이 차차 따뜻하더라 35 엘
리사가 내려서 집 안에서 한 번 이리저리 다니고 다시 아이 위에 올라 엎드리니 아이
가 일곱 번 재채기 하고 눈을 뜨는지라 36 엘리사가 게하시를 불러 저 수넴 여인을 불
러오라 하니 곧 부르매 여인이 들어가니 엘리사가 이르되 네 아들을 데리고 가라 하
니라 37 여인이 들어가서 엘리사의 발 앞에서 땅에 엎드려 절하고 아들을 안고 나가니
라

Ⅰ. 성경공부 진행을 위한 안내

· 이 성경공부는 혼자 할 수도 있고, 소그룹으로 할 수도 있습니다.

· 각 영역에서 제시된 질문에 대해서는 참여자들에게 생각할 시간을 허용합니다. 참여자들은 질문에 대하여 나눌 말을 준비하고 준비를 마치면 참여자 간에 합의한 약속의 사인을 표시합니다. 예를 들어 진행자는 "자신이 할 말을 생각하고 준비를 마쳤으면 펜을 책상 위에 모두 내려놓아 주세요. 모든 참여자가 펜을 내려놓으면 나눔을 시작하겠습니다."라고 말합니다. 펜을 책상 위에 내려놓는다든지 팔짱을 낀다든지 등의 표시로 서로 약속을 정하면 됩니다.

· 참여자들이 할 말을 모두 준비한 후 차례로 발표합니다. 이때 '토킹 피스'(Talking Piece)를 가진 사람부터 말하고 차례로 토킹 피스를 돌리며 말합니다. 토킹 피스는 평화공동체를 추구하는 사람들이 민주적으로 평등하게 대화하기 위해 종종 쓰는 도구를 의미하는데, 손에 잡기 좋고 아름다운 물건이면 더 좋겠지만 위험하지 않은 물건이면 무엇이든 가능합니다.

· 여기에 사용한 성경공부 방법은 5R 성경학습[1)]입니다. 모두 5가지 과정으로 구성되는 방법입니다. 영어로 표현된 단어들이 모두 'R'로 시작하기 때문에 5R이라고 표현하였습니다.

· 진행자는 이 성경공부 전체를 몇 분 안에 마칠 수 있을지 생각해야 합니다. 성경공부 자체가 5영역으로 나뉘어져 있으며, 각 영역에 질문이 있으므로 그 질문과 참여자들의 수를 생각하여 시간을 계산하여 진행하여야 할 것입니다. 예를 들어 90분 길이의 성경

1. 이 글에 사용된 성서학습 방법론은 크리스틴 블레어의 5R의 성서학습 방식을 참고한 것이다(Christine Blair, The Art of Teaching the Bible : A Practical Guide for Adults).

공부라면 5영역에 시간을 20-10-20-20-20분, 또는 20-15-15-20-20분 등 다양하게 나누어 사용할 수 있을 것입니다. 기억하기 영역에 20분을 할애하고 참여자가 다섯 사람이라면 발언 기회나 한 사람당 발언 시간은 길어질 수 없습니다. 더구나 한 영역당 질문 문항도 여러 개이니 시간이 부족할 수 있습니다. 따라서 이 성경공부는 한 번에 5R 영역 모두를 마치려 하기보다는 한 번 모일 때마다 한 영역을 마치는 것을 목표로 하여 실행하는 것도 좋겠습니다. 물론 각 교회, 소그룹, 개인의 상황에 따라 결정하면 됩니다.

Ⅱ. 성경학습

1. 기억하기(Remembering)

Q 살아오면서 누구에게 큰 도움을 받은 기억이 있습니까?

Q 도움 받은 경험을 통해 얻은 통찰이 있다면 무엇입니까?

Q 서로의 이야기를 들으며 각자의 소감을 나누어 봅시다.

다시 생각할 시간을 드리겠습니다. 생각을 마치시면 준비가 되었다는 표시를 해 주세요. 모두 준비되면 다시 나누기로 하겠습니다. 또 다른 방법은 느낀 점에 대하여 관련된 하나의 단어를 생각하여 스케치북, A4 용지, 포스트잇 등에 적어 서로에게 보여 줍니다. 그리고 모두 적은 후 왜 그 단어를 썼는지 차례로 돌아가면서 말해도 좋습니다.

이 영역은 성경본문에 직접적으로 들어가기 전에 참여자들의 삶의 이야기를 꺼내는 과정에 초점을 맞추고 있습니다. 참여자 간의 이해를 넓히고 친밀감을 쌓을 수 있는 역할을 하기도 합니다. 성경의 주제로 자연스럽게 들어가기 위해 서로의 마음을 이어 가는 과정이라 할 수 있습니다. 참여자들은 자신의 이야기를 나눌 준비가 되면 발표할 수 있습니다.

발표하는 사람의 내용에 대해 진행자나 참여자가 코멘트 하거나 부연설명을 하거나 판단하며 끼어들어 대화를 다른 방향으로 바꿀 필요는 없습니다. 발표하는 사람에게 온전하게 기회를 주고, 나머지 사람은 온전하게 듣는 기회를 경험하는 방식으로 진행합니다. 기억하기에서만이 아니라 모든 영역에서 대화할 때 서로 간에 지킬 예의이기도 합니다.

2. 성경 바라보기(Revisiting the Bible)

Q 이 이야기의 주인공은 누구입니까? 왜 그렇게 생각하십니까?

Q 그렇다면 그 주인공이 이끄는 이 본문이 말하고자 하는 주제가 무엇이라고 생각하십니까?

Q 주요한 주제를 문장으로 표현해 봅시다. 참여자 여러분이 이야기하는 주제를 전지나 칠판에 적어 봅시다.

본문이 위치한 열왕기하 4장은 예언자 엘리사의 세 가지 기적 이야기로 구성되어 있으며, 본문은 그 가운데 두 번째 이야기입니다. 어떠한 문제 상황 가운데 하나님의 뜻과 능력이 예언자 엘리사를 통해 해결되고 있음을 발견할 수 있습니다. '엘리사'는 이스라엘의 예언자로, 엘리야의 후계자입니다. 열왕기하 2~10장에 걸쳐 활약이 기록되고 있는 엘리사는 여러 도시를 다니며 하나님의 뜻을 행하며 이적을 행했습니다.

참고로, 29절에 나오는 '지팡이를 얼굴에 대는 행위'는 고대사회에서 마술적으로 치료하고자 할 때 행하던 방법입니다.

3. 성찰적으로 성경 바라보기(Reflective Critique)

다문화사회에서 살아가고 있는 성도들에게 오늘의 본문과 관련하여 성찰적 사고를 시도하는 영역입니다.

Q 외국인이 여러분에게 도움을 청한 경험이 있다면 나누어 봅시다.

Q 다음의 이야기는 실제 있었던 이야기입니다. 어떻게 하면 좋을지 생각을 나누어 봅시다. 모둠을 나누어 서로 논의해서 교회가 어떻게 이 이주노동자 부부를 도울 수 있을지 발표해 보는 시간을 가져 봅시다. 준비해 놓은 전지와 펜을 사용하여 적고, 모두 준비가 되면 발표를 들어 봅시다.

김 권사님 집에 월세 방을 얻어 사는 캄보디아인 부부가 있었다. 아내는 임신을 하여 만삭의 몸으로 곧 출산을 앞두고 있고, 남편은 우리 사회에서 '이주노동자'로 불리는 사람이었다. 김 권사님은 월세를 받으러 갔다가 우연히 부부의 상황을 알게 되었다. 부부는 첫아기라 출산을 앞두고 무엇을 어떻게 해야 할지 몰라 집주인인 김 권사님에게 물어보았다. 병원은 어디를 가야 하고, 비용은 얼마나 들며, 출산 전에 아내는 어떤 준비를 해야 하고, 아기를 위해서는 무엇을 준비해야 하는지 몰라 두려움 반, 걱정 반으로 권사님에게 도움을 요청하게 된 것이다.

Q 성경의 메시지를 이 상황에 적용해 보려고 합니다. 본문 엘리야의 이야기 속에서 배워 적용 가능한 통찰은 무엇인지 나누어 봅시다.

우리와 함께 살고 있는 사람들이 정말 다양해졌습니다. 수많은 나라에서 한국을 찾은 이주노동자, 결혼(혼인)이주여성, 난민들이 함께 살아가고 있습니다. 자신과 다르다고 생각하는 사람과 친해지는 것은 쉽지 않습니다. 그 '다른 점' 때문에 부지불식간에 존재하고 있었던 자신의 편견이 일상에서 어떻게 작용하고 있는지 모르고 살아가기 때문에 외국인을 대하는 방법도 잘 모릅니다. 예를 들면 '외국인'을 호칭할 때 백인을 '외국인', '미국 사람'이라고 말하는 사람들을 보곤 합니다. 우리 사회에서 한동안 미국인은 '미국에서 온 사람'이 아니라 외국인을 칭하는 보통명사로 쓰여 왔던 것도 기억합니다. 마치 복사하는 것을 '제록스'라고 부르며 고유명사인 복사기계 회사 이름을 보통명사로 썼던 것처럼 말이지요. 그리고 그 백인들과는 달리 유색인종인 외국인을 우리는 '아프리카 사람', '다문화인'으로 구별하고 따로 호칭하기도 합니다. 흑인 외국인을 '아프리카 사람'이라고 부르는 것도 역시 편견입니다. 아프리카는 수많은 나라들이 존재하는 대륙이지, 국명이 아닙니다. 어쩌면 '다문화인', '외국인'이라는 단어가 더 포괄적인 명칭이 아닐까 생각합니다. 짧게 요약하자면 나 자신과 다른 사람들이 가지고 있는 '다름'을 한 사람이 가진 고유의 특성으로 이해하고 차별, 편견이 아니라 그저 한 존재에 대한 존중감을 가지고 살아가야 할 시대가 우리에게 이미 와 있다는 것입니다.

'도움을 주는 것'이나 '도움을 받는 것'은 강자와 약자, 가진 사람과 덜 가진 사람, 우월한 사람과 열등한 사람, 높은 사람과 낮은 사람 사이에 일어나는 일이 아닙니다. 사람들 자체를 이렇게 나누는 것도 차별입니다. 권력, 힘, 경제력, 교육 정도, 지위, 성, 인종, 고향 등 수많은 영역으로 사람의 관계를 서열화하는 것은 하나님이 원하시는 일이 아닙니다. 하나님은 우리가 스스로를 사랑하고, 이웃을 사랑하고, 하나님을 사랑하기를 바라십니다(눅 10 : 27). 그래서 '도움을 주고받는 것'은 서로를 진심으로 평등하게 존중하는 마음을 가진 사람들 간에 일어나는 그리스도 정신에 기반을 둔 사랑의 실천 행위라는 것을 기억하시기 바랍니다.

엘리사가 게하시를 통하여 '지팡이'로 하지 않고 직접 엘리사의 '입으로 눈으로 손으로 몸으로' 수넴 사람의 자식을 도운 기적 행위는 오늘날 '다름'을 가진 이웃과 살아가는 우리에게 여러 가지 메시지를 전하고 있습니다.

4. 나의 삶에 주는 통찰과 재해석(Reinterpretation)

Q 오늘의 성경공부를 통해서 새롭게 인식한 내용이 있다면 함께 나누어 봅시다.

Q 나의 삶에 던져진 통찰이나 나와 관련된 의미를 발견했다면 나누어 봅시다.

5. 삶으로 성경에 응답하기(Response)

Q 다문화가족(이주노동자, 결혼<혼인>이주여성 등) 사역과 관련하여 우리 공동체가 서로 존중하기 위한 약속을 만든다면 어떤 내용일까요?(모둠, 개인 활동 가능)

Q 오늘 말씀으로부터 배워 나 자신의 삶에 적용, 실천해 보고 싶은 내용을 생각하고 발표해 봅시다.

Ⅲ. 함께 드리는 기도

“평화의 하나님! 온 세상에 존재하시고 하나님의 뜻이 세상에 전해지기를 원하시는 하나님! 그 뜻을 아는 저희들이 오히려 다양한 문화, 다양한 인종의 사람들을 차별적으로 바라보고 불평등하게 대했음을 용서하여 주십시오. 우리 안에 있는 편견, 선입견, 우월의식, 열등의식 그 모든 것을 주님께 솔직하게 내어놓습니다. 우리를 불쌍히 여기사 하나님의 생명과 정의를 지향하면서 평화로운 존재로 살아가는 사람들로 변화시켜 주시옵소서. 말씀을 깨우치고 말씀을 입에, 눈에, 손에, 몸에 익혀 우리가 서로 존중하며 하나님의 사랑을 나누는 사람들이 되게 하옵소서. 우리 주 예수님의 이름으로 기도합니다. 아멘.”

Reading the Bible
in a Multicultural Society

9.
하나님께 소망을 두는 삶

하경택 목사

시편 146 : 1~10

1 할렐루야 내 영혼아 여호와를 찬양하라 2 나의 생전에 여호와를 찬양하며 나의 평
생에 내 하나님을 찬송하리로다 3 귀인들을 의지하지 말며 도울 힘이 없는 인생도
의지하지 말지니 4 그의 호흡이 끊어지면 흙으로 돌아가서 그날에 그의 생각이 소멸
하리로다 5 야곱의 하나님을 자기의 도움으로 삼으며 여호와 자기 하나님에게 자기
의 소망을 두는 자는 복이 있도다 6 여호와는 천지와 바다와 그중의 만물을 지으시
며 영원히 진실함을 지키시며 7 억눌린 사람들을 위해 정의로 심판하시며 주린 자들
에게 먹을 것을 주시는 이시로다 여호와께서는 갇힌 자들에게 자유를 주시는도다 8
여호와께서 맹인들의 눈을 여시며 여호와께서 비굴한 자들을 일으키시며 여호와께
서 의인들을 사랑하시며 9 여호와께서 나그네들을 보호하시며 고아와 과부를 붙드
시고 악인들의 길은 굽게 하시는도다 10 시온아 여호와는 영원히 다스리시고 네 하
나님은 대대로 통치하시리로다 할렐루야

Ⅰ. 말씀 앞에서

Q 하나님은 어떤 분이라고 생각하십니까? 성경을 통해서 보여 주시는 하나님의 모습 가운데 가장 인상적인 것은 무엇입니까? 자신의 삶 가운데 하나님에 대한 경험을 나누어 봅시다.

Ⅱ. 말씀 속으로

1. 본문 읽기

시편 146편을 여러 번 읽습니다. 한 번은 소리 내어 읽고, 다른 한 번은 눈으로 읽습니다.

2. 단락 나누기

시편 146편의 내용을 주제에 따라 단락을 나누어 보면 다음과 같이 네 단락으로 나눌 수 있습니다.

1~2절	서론 – 자기 권고와 찬양 서약
3~4절	의지하지 말 것에 대한 경고
5~9절	복 있는 자의 모습과 그 이유
10절	하나님의 통치에 대한 선언

3. 본문 이해를 위한 질문들

Q 시편 146편에는 '할렐루야'가 처음과 마지막에 나타나 표제어와 맺음말 기능을 하고 있습니다. 이러한 시편을 '할렐시편'이라고 부르는데, '할렐루야'의 의미는 무엇이고, '할렐시편'의 의미는 무엇이라고 생각하십니까?

'할렐루야'는 '너희는 여호와(야훼)를 찬양하라'는 의미로서, 시편 146편의 표제어와 맺음말로 쓰여 시편 146편의 성격이 무엇인지 보여 줍니다. 그것은 시편 150편까지 이어지는 5개의 시편을 시작하는 '할렐루야-시편'으로서 신자는 찬양하는 삶을 살아야 한다는 것을 일깨워 줍니다.

'할렐루야'라는 외침은 시편에서 두 가지 기능을 합니다. 한편으로 본문 안에서 본문의 일부로 사용될 수 있고(시 135 : 3), 다른 한편으로 표제어나 맺음말로서 독립적으로 사용될 수도 있습니다. 여기에서 맺음말은 시편 마지막에 등장하여 서명(署名)이나 낙관(落款)의 기능을 합니다.

'할렐루야'는 기본적으로 의성어적인 표현입니다. 이것은 한편으로 성전 의식에서 사용된 반복된 '기쁨의 외침'(스 3 : 11 이하)이나 기쁜 일이 있을 때 외친 환호성(토빗 13 : 18)으로 나타나며, 다른 한편으로 찬양시나 다양한 기도들과 연관된 외침으로 등장합니다. 후자의 경우 그것은 '아멘'처럼(시 106 : 48) 예배공동체의 호응 또는 (그것이 후대에 첨가된 표제어나 맺음말이든지 상관없이) 어떤 시편의 문학적 혹은 해석학적 표지로서 나타날 수 있습니다(E. Zenger, *HThKAT*, 64).

유대교에서는 시편집 가운데서 세 가지 종류의 '할렐시편' 집록을 말합니다. 시편 113~118편을 '이집트할렐'이라고 부르고, 시편 136편 또는 시편 135~136편을 '대할렐'이라고 부르며, 시편 146~150편까지의 집록을 '소할렐' 또는 '종결할렐' 시편이라고 부릅니다.

Q 1절에서 시인은 누구에게 "여호와를 찬양하라"(<할렐리>, 2인칭 여성 단수로서 '내 영혼'을 가리켜 한 말이다.)고 말하고 있습니까?

'내 영혼아!'라고 말하며 자기 자신에게 말하고 있습니다. 이것은 다른 사람에게 찬양하라고 권고하기 이전에 자기 자신이 먼저 하나님을 찬양해야 함을 분명히 합니다. 그런 후 시인의 다짐이 나타납니다.

시편 146편은 총 다섯 권으로 이루어진 시편집 가운데 146편은 제5권에 속해 있습니다(제1권 : 1-41편, 제2권 : 42-72편, 제3권 : 73-89편, 제4권 : 90-106편, 제5권 : 107-150편). 그 가운데서도 시편 146~150편까지의 '할렐루야' 시편이 시편집 마지막 부분에 위치한 이유는 분명합니다. 신앙인은 하나님을 찬양하는 삶을 살아야 한다는 사실을 말해주기 위함입니다. 할렐루야로 시작하고 할렐루야로 끝나고 있듯이, 우리의 삶이 처음부터 마지막까지 '할렐루야'("여호와를 찬양하라")가 되어야 한다는 것입니다.

Q 2절에서 시인은 무엇을 다짐하고 있습니까? 시인의 다짐을 2절의 전반절과 후반절을 비교하여 설명해 봅시다.

시인은 평생 여호와 하나님을 찬양할 것이며, 자신이 생존하는 동안 하나님을 찬송하겠다고 다짐합니다. 시인은 이러한 사실을 평행법(parallelism), 즉 전반절과 후반절의 대구법을 통하여 반복적으로 진술하고 있습니다. 이것은 반드시 그러한 삶을 살겠다는 시인의 강력한 의지의 표현입니다. 이렇게 자신이 사는 날 동안 여호와를 찬양하겠다고 다짐하는 모습은 개인 감사시의 특징적인 내용입니다(시 34 : 1, 104 : 33 참조).

Q 3절에서 시인이 경고하는 바는 무엇입니까? 누구를 의지하지 말라고 경고하는 것일까요?

두 번째 단락인 3~4절에서 시인은 우선 '의지하지 말 것'에 대하여 경고합니다. 그것은 '사람'입니다. 사람 가운데서도 '귀인들'을 의지하지 말라고 권고합니다. 여기에서 '귀인들'이라고 번역된 '네디빔'이라는 히브리어는 '부유한 권력가'를 일컫는 말입니다. 이 단어의 의미에는 힘 있는 이방 나라들의 권력자도 포함될 수 있습니다. 이런 사람들은 많은 사람을 매혹시킬 만한 부와 권력을 가지고 있습니다. 그래서 그런 사람들을 의지하고 그들에게 희망을 걸 수 있습니다. 하지만 시인은 그러한 사람들을 의지하지 말라고 경고합니다.

Q 그렇다면 시인이 이렇게 경고하는 이유는 무엇일까요?(4절)

그것은 힘 있는 자도 넘어지기 쉬운 한 인간일 뿐이기 때문입니다. 그래서 그들은 사람들에게 진정한 도움을 주지 못합니다(시 118 : 9, 렘 17 : 5 이하들을 참조하라). 그도 사람이기 때문에 결국 흙으로 돌아가게 되는 것입니다(창 3 : 19, 시 90 : 3, 104 : 29, 전 3 : 20, 12 : 7 참조). 그들이 죽으면 그들의 모든 계획과 사업도 함께 사라집니다. 잘못된 신뢰를 통해서 얻게 될 결과는 분명합니다. 그것은 죽음과 멸망입니다. 결국 흙으로 돌아가는 인생을 의지하는 것은 자신도 그러한 결말을 당할 수밖에 없음을 알아야 한다는 것입니다.

Q 5절에서 시인이 '복이 있다'고 칭찬하는 사람은 어떤 사람입니까?

시인은 3~4절의 경고와는 달리 '복 있는 자'의 모습을 소개합니다. 그것은 인간을 의지하지 않고 야곱의 하나님을 자신의 도움으로 삼고 여호와 하나님께 자신의 소망을 두는 자입니다(시 33 : 12, 144 : 15 참조). 이로써 시인은 참 신뢰의 대상이 누구인지 알려 줍니다. 그것은 야곱의 하나님이시며, 여호와 하나님이십니다.

Q 6~9절에서 시인이 소개하는 하나님은 어떠한 분입니까? 동사를 중심으로 하나님이 무엇을 행하시는 분인지 설명해 보십시오(히브리어로 보면 시인은 6절과 7절 전반절에서 4개의 분사를 통해 하나님을 묘사하고 있으며, 7절 후반절부터 9절에서는 '여호와'라는 주어와 함께 5개의 분사를 통해 하나님의 행동을 묘사하고 있습니다).

시편 146 : 6~9에는 그 어느 곳에서보다 하나님이 어떠한 분인지 집중적으로 보여 줍니다. 그렇다면 하나님은 어떠한 분입니까? 하나님은 천지를 만드시고 그 가운데 있는 만물을 지으신 분입니다(6절 전반절). 하지만 그분의 행동은 천지를 만드신 것으로 끝나지 않습니다.

영원히 진실함('에메트')을 지키시는 분입니다(6절 후반절). 또한 하나님은 억눌린 사람들을 위해 정의로 심판하시며, 주린 자에게 먹을 것을 주시는 분입니다(7절 전반절). 이뿐 아니라 여호와는 갇힌 자에게 자유를 주시고, 맹인들의 눈을 여시며, 거꾸러진 자들(개역개정성경에는 '비굴한 자들'이라고 번역되어 있다.)을 일으켜 주십니다(7절 후반-8절). 그리고 여호와는 나그네와 과부와 고아를 붙드시고 보호하십니다(9절). 이러한 서술 가운데 의인과 악인에 대한 설명도 첨가되어 있습니다. 여호와 하나님은 의인을 사랑하시지만(8절 후반절), 악인들의 길은 굽게 하여 망하게 하십니다(9절 후반절).

Q 위와 같은 하나님의 모습은 두 가지 내용으로 요약됩니다. 그것은 여호와는 창조주 하나님이시라는 사실과 여러 가지 상황과 경우에 따라 구원을 베푸시는 구원자 하나님에 대한 고백이 함께 있다는 사실입니다. 이를 통해 알 수 있는 사실은 무엇입니까?

여기에는 "일반적인 찬양 모티브의 모음집"(H. Gunkel)이라고 불릴 만큼 구약성서에 등장하는 다양한 구원행동이 집약되어 있습니다. 이것은 구약성서의 두 가지 중심주제인 '창조'와 '구원'이 서로 분리되지 않음을 보여 줍니다. 곧 창조주 하나님은 구원자 하나님이시라는 사실입니다. 하나님의 행동은 창조하심으로 끝나지 않습니다. 하나님은 계속해서 피조세계를 돌보시며 인간의 역사에 개입하셔서 자신의 뜻을 이루십니다.

Q 10절은 이 시편의 절정을 이룹니다. 여기에서 시인은 '시온'이 알기를 원하는 바가 무엇이라고 말하고 있습니까?

시인은 '시온'을 부르며, 여호와께서 영원히 다스리시고 대대로 통치하신다고 선언합니다. 이것은 시편 146 : 5~9에서 언급한 하나님의 '창조'와 인간의 '역사'가 여호와의 '다스리심' 안에 있다는 사실을 분명하게 일깨워 줍니다. 여호와 우리 하나님은 이 세상을 통치하시는 참된 왕이시라는 고백입니다. 그러므로 그분은 찬양을 받으시기에 합당하신 분입니다.

여기에서 우리는 구약성경의 사상적 발전을 엿볼 수 있습니다. 그것은 여호와의 창조 행위와 구원 행동이 모두 여호와의 '왕권'이라는 상위개념 아래 놓여 있다는 것입니다. 이러한 현상은 후기 전통을 반영하는 시편들에서 잘 나타나 있습니다(시 145편이나 146편). 이러한 여호와의 왕권사상은 자연스럽게 여호와의 왕국에 관한 개념으로 발전하게 됩니다. 그리고 마침내 신약성서에서 '하나님 나라' 사상으로 꽃을 피우게 되는 것입니다.

Ⅲ. 말씀과 함께

Q 시편 146편의 시인은 인간을 의지하지 않고 하나님을 믿고 신뢰하는 것이 복되다고 선언하며, 독자들에게 하나님께 소망을 두는 삶을 살라고 일깨우고 있습니다. 하나님께 소망을 두는 삶은 어떠한 모습일지 나누어 봅시다.

Q 하나님을 믿고 의지한다는 것은 하나님을 닮아 가는 삶을 사는 것을 의미합니다(Imitatio Dei). 시편 146:6~9에 묘사된 하나님의 행동 가운데 꼭 닮고 싶은 모습은 무엇입니까?

Q 시편 146편에 묘사된 하나님의 행동들은 하나님이 세상 가운데 약한 사람들을 얼마나 세심하게 돌보시는지 잘 보여 주고 있습니다. 압제 받는 자, 굶주린 자, 갇힌 자, 보지 못하는 자, 엎드러진 자, 나그네와 고아와 과부들을 돌보시는 하나님으로 나타납니다. 이 가운데 '나그네'(히브리어로 '게르')로 표현된 사람들은 타국생활을 하는 이주민들을 가리키는 용어로 사용될 수 있습니다. 오늘 본문에 묘사된 하나님의 모습을 통해 '이주민'을 어떻게 대해야 하는지에 대해 서로의 생각을 나누어 봅시다.

Q 시인은 시편 서두에서 찬양의 삶을 살도록 스스로 마음을 다잡는 모습을 보여 줍니다(1절). 그리고 자신이 사는 동안 하나님을 찬양하고 찬송하며 살겠다고 굳게 다짐하는 모습을 보여 줍니다(2절). 마지막에는 그가 시온을 향하여 '여호와는 영원히 다스리시고 대대로 통치하신다'고 선언하는 믿음의 확신과 용기를 보여 줍니다(10절). 이러한 시인의 모습은 찬양하는 삶이 단순히 예배에 국한된 것이 아니라 자신의 전 생애를 통해 나타나는 것임을 알게 합니다. 각자가 생각하는 '찬양하는 삶'은 무엇인지 서로 이야기해 봅시다.

10.
이주민과 그리스도인

김호경 목사

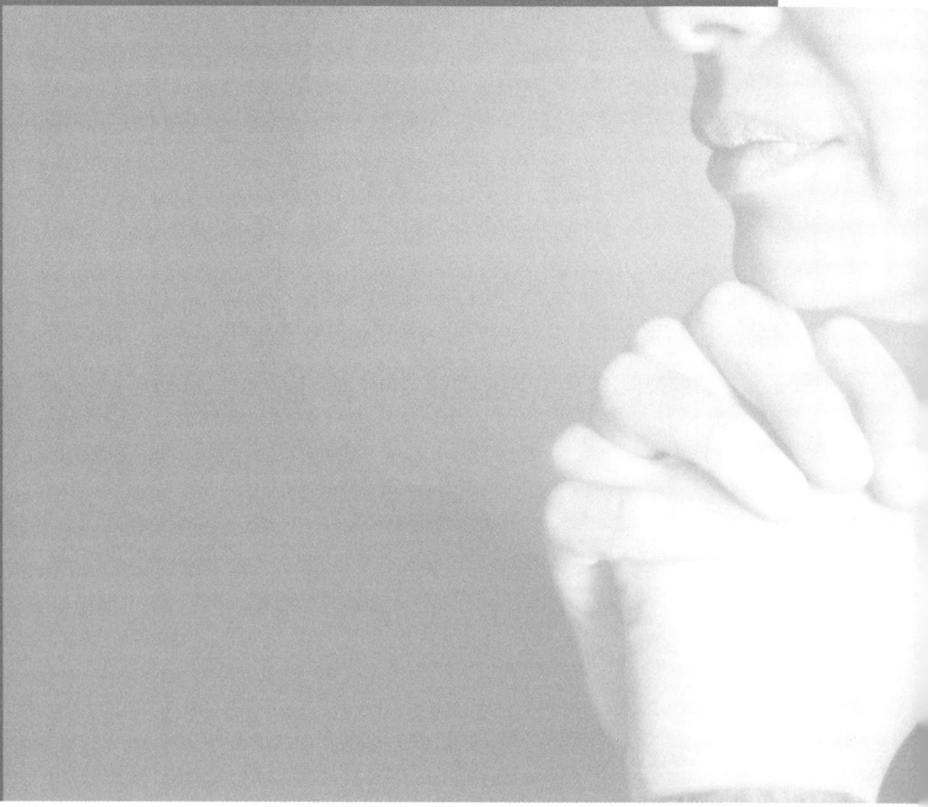

마태복음 1 : 1~17

1 아브라함과 다윗의 자손 예수 그리스도의 계보라 2 아브라함이 이삭을 낳고 이삭
은 야곱을 낳고 야곱은 유다와 그의 형제들을 낳고 3 유다는 다말에게서 베레스와
세라를 낳고 베레스는 헤스론을 낳고 헤스론은 람을 낳고 4 람은 아미나답을 낳고
아미나답은 나손을 낳고 나손은 살몬을 낳고 5 살몬은 라합에게서 보아스를 낳고 보
아스는 룻에게서 오벳을 낳고 오벳은 이새를 낳고 6 이새는 다윗 왕을 낳으니라 다
윗은 우리야의 아내에게서 솔로몬을 낳고 7 솔로몬은 르호보암을 낳고 르호보암은
아비야를 낳고 아비야는 아사를 낳고 8 아사는 여호사밧을 낳고 여호사밧은 요람을
낳고 요람은 웃시야를 낳고 9 웃시야는 요담을 낳고 요담은 아하스를 낳고 아하스는
히스기야를 낳고 10 히스기야는 므낫세를 낳고 므낫세는 아몬을 낳고 아몬은 요시야
를 낳고 11 바벨론으로 사로잡혀 갈 때에 요시야는 여고냐와 그의 형제들을 낳으니
라 12 바벨론으로 사로잡혀 간 후에 여고냐는 스알디엘을 낳고 스알디엘은 스룹바벨
을 낳고 13 스룹바벨은 아비훗을 낳고 아비훗은 엘리아김을 낳고 엘리아김은 아소르
를 낳고 14 아소르는 사독을 낳고 사독은 아킴을 낳고 아킴은 엘리웃을 낳고 15 엘리
웃은 엘르아살을 낳고 엘르아살은 맛단을 낳고 맛단은 야곱을 낳고 16 야곱은 마리
아의 남편 요셉을 낳았으니 마리아에게서 그리스도라 칭하는 예수가 나시니라 17 그
런즉 모든 대 수가 아브라함부터 다윗까지 열네 대요 다윗부터 바벨론으로 사로잡
혀 갈 때까지 열네 대요 바벨론으로 사로잡혀 간 후부터 그리스도까지 열네 대더라

〈참조〉 마태복음 23 : 8~12

Ⅰ. 성경공부의 목적

비유 해석으로 유명한 J. 예레미아스는 "우리가 비유를 해석하는 것이 아니라 비유가 우리를 해석한다."고 말합니다. 비유를 듣고 그것에 어떻게 반응하는가 하는 것이 그가 누구인지를 알려 주기 때문입니다. 같은 맥락에서 "우리가 성경을 해석하는 것이 아니라 성경이 우리를 해석한다."고 말할 수 있습니다. 성경의 이야기를 읽고 그것에 어떻게 반응하는가에 따라 그가 누구인지 알려 주기 때문입니다. 이러한 의미에서, 우리와 함께 살고 있는 이주민들에게 어떻게 반응하는가 하는 것은 우리가 누구인지 알려 줍니다. 또한 그 반응은 우리가 믿고 있는 예수님의 모습이 어떠한지 알려 줍니다. 본 과에서는 우리가 믿고 있는 예수님의 모습과 그 예수님에 대한 믿음을 고백하고 있는 우리의 모습이 어떠한지 생각해 보고자 합니다.

Ⅱ. 생각 열기

Q 나는 예수님을 어떤 존재로 생각하고 있습니까?

Q 그 예수님의 모습이 나의 삶에 어떤 모습으로 반영되어 있습니까?

Q 내가 이주민에게 보이는 태도와 나의 믿음은 어떤 관계가 있다고 생각하십니까?

Ⅲ. 성경본문 읽어 보기

- Q 마태복음 1:1~17에 나오는 족보를 읽으면 어떤 생각이 드십니까?
- Q 마태복음의 족보가 마태복음을 이해하거나 예수님의 복음을 이해하는 데 꼭 필요할까요?
- Q 마태복음 1:1~17에서 1절과 2~17절은 어떤 관계가 있을까요?

Ⅳ. 성경본문 깊이 들여다보기

먼저, 예수님을 '다윗의 자손'으로 소개하는 이유에 대해 살펴봅시다. '다윗의 자손'이라는 칭호를 이해하기 위해서는 이스라엘의 역사를 살펴보아야 합니다. 이스라엘이 바벨론의 지배를 받은 이후에, 이스라엘의 역사는 지속적으로 다른 민족의 지배하에 있게 되었습니다. 바벨론 이후 페르시아(바사), 그리고 헬레니즘 세계 속에서는 이집트와 시리아, 예수님 당시 로마에 이르기까지 이스라엘은 오랜 고난의 시간을 지나왔습니다. 고난의 역사가 계속됨에 따라 이스라엘에는 종말론적인 역사인식이 확산되었습니다.[1] 이러한 역사인식은 고난이 극심해진 기원전 2세기경 메시아를 기다리는 믿음으로 나타났는데, 이를 '메시아 대망사상'이라고 합니다. 메시아를 기다리는 많은 사람들의 믿음

1. 역사에 대한 하나님의 주권을 믿는 고난을 당하는 일부 사람들에 의해서 시작된 종말론적 역사인식은 고난이 계속되는 역사 속에서 점차 확산되었다. 시리아가 지배하던 헬레니즘 시대에 이러한 역사인식이 이스라엘 전반에 퍼졌고, 이와 더불어 이스라엘에 메시아 대망사상이 나타났다. 종말론적 역사인식은 고난 속에서도 하나님의 승리를 믿으며 이 세상이 곧 끝나고 하나님이 통치하시는 역사가 시작될 것을 믿는 것이다. 고난을 당하고 있는 사람들은 현재 역사를 지배하고 있는 악한 세력을 무찌를 힘이 없기 때문에, 하나님의 사자가 나타나서 그들 대신 싸우며 악한 역사를 끝내 줄 것을 기대하게 된다.

은 다양한 메시아에 대한 이해를 발전시켰고, 그중 가장 일반적으로 받아들여졌던 메시아에 대한 이해가 다윗 메시아 사상입니다.

Q 다윗 메시아 사상이 대중적으로 받아들여진 이유는 무엇일까요?

사무엘하 7 : 8~17에서 여호와는 나단을 통해서 다윗 왕국의 영원성을 강조하십니다. 이스라엘은 다윗과 그의 왕국을 영원토록 지켜 주시겠다는 야훼의 언약에 기초합니다. 긴 고난의 역사가 지속되고 메시아의 도래를 희망하는 순간에 이스라엘은 이 언약을 붙들며, 자신들을 구원할 왕이 야훼의 언약대로 다윗의 가문으로부터 올 것을 기대했습니다.[2)]

Q '다윗의 자손 예수 그리스도'라는 칭호는 유대인들에게 어떤 의미가 있었을까요?

그러나 예수님은 다윗의 자손일 뿐 아니라, 아브라함의 자손으로 소개됩니다. 창세기 12장에서부터 시작한 '아브람과 사래'의 이야기는 17장에서 그들의 자손에 대한 하나님의 언약을 통해서 '아브라함과 사라'의 이야기로 전이됩니다(창 17 : 5-6, 15-16). 바뀐 이름인 아브라함은 '여러 민족의 아버지'라는 의미이며, 사라는 '여러 민족의 어머니'라는 의미입니다. 이 이름은 아브라함과 사라의 정체성을 드러내 줍니다. 유대인들은 자신들을 아브라함의 자손이라 부르며 유대민족의 우

2. 이를 통해서 다윗의 자손이라는 메시아 이해가 확산되었다. 더욱이 다윗 왕이 보여 준 힘센 무사로서의 모습은 지배를 받던 고난 받는 이스라엘에게 더할 나위 없는 희망이 되었다.

월성을 주장하지만, '아브람과 사래'에서 '아브라함과 사라'로 이름이 바뀌는 과정은 아브라함이 유대인들만의 조상이 아님을 보여 줍니다.

Q 그렇다면, 예수님이 아브라함의 자손이라는 것은 무엇을 의미할까요?

마태복음 3 : 9에서 세례 요한은 바리새인들과 사두개인들을 비난하면서 "속으로 아브라함이 우리 조상이라고 생각하지 말라 내가 너희에게 이르노니 하나님이 능히 이 돌들로도 아브라함의 자손이 되게 하시리라"고 말합니다. 아브라함의 자손이라는 이유로 그들의 불의를 덮어주지 못할 것이라는 말입니다. 또한 예수님은 백부장의 믿음을 칭찬하면서 마태복음 8 : 10~12에서 "내가 진실로 너희에게 이르노니 이스라엘 중 아무에게서도 이만한 믿음을 보지 못하였노라 또 너희에게 이르노니 동서로부터 많은 사람이 이르러 아브라함과 이삭과 야곱과 함께 천국에 앉으려니와 그 나라의 본 자손들은 바깥 어두운 데 쫓겨나 거기서 울며 이를 갈게 되리라"고 말씀하십니다.

Q 이러한 성경구절들은 예수님이 아브라함의 자손이라는 것과 어떤 관계가 있을까요?

Q 마태복음의 족보에서 이방인들의 이름을 찾을 수 있습니까?

Q 마태복음 1:2~17의 족보는 예수님이 아브라함의 자손이며, 다윗의 자손이라는 1절의 선언에 어떤 역할을 하고 있습니까?

Q 예수님이 아브라함의 자손이며 또한 다윗의 자손이라는 것은 이주민을 대하는 우리의 태도에 어떤 의미를 줄까요?

V. 삶으로 물어보기

Q 다음의 두 구절은 모두 마태복음에 나와 있습니다. 각각의 구절에 대해서 여러분은 어떻게 생각하십니까?

"예수께서 이 열둘을 내보내시며 명하여 이르시되 이방인의 길로도 가지 말고 사마리아인의 고을에도 들어가지 말고 오히려 이스라엘 집의 잃어버린 양에게로 가라"(마 10:5-6).

"그러므로 너희는 가서 모든 민족을 제자로 삼아 아버지와 아들과 성령의 이름으로 세례를 베풀고 내가 너희에게 분부한 모든 것을 가르쳐 지키게 하라 볼지어다 내가 세상 끝날까지 너희와 항상 함께 있으리라 하시니라"(마 28:19-20).

Q 유대인에게만 제자들을 보내는 예수님의 배타적 말씀(마 10:5-6)은 부활 후 모든 민족에게 제자들을 파송하는 예수님의 말씀(마 28:19-20)으로 대치됩니다. 민족적인 배타성을 벗어나 모든 민족을 향한 개방성과 포괄성은 이주민에 대한 태도에 어떤 변화를 줍니까?

예수님은 자신을 따르는 무리와 제자들에게 높은 자리를 차지하며 선생 노릇 하려는 바리새인들과 서기관들을 비판하며 다음과 같이 말씀하십니다. "그러나 너희는 랍비라 칭함을 받지 말라 너희 선생은 하나요 너희는 다 형제니라 땅에 있는 자를 아버지라 하지 말라 너희의 아버지는 한 분이시니 곧 하늘에 계신 이시니라 또한 지도자라 칭함을 받지 말라 너희의 지도자는 한 분이시니 곧 그리스도시니라 너희 중에 큰 자는 너희를 섬기는 자가 되어야 하리라 누구든지 자기를 높이는 자는 낮아지고 누구든지 자기를 낮추는 자는 높아지리라"(마 23 : 8-12).

그리고 계속해서 바리새인들과 서기관을 격렬하게 비판합니다. 8~12절에서 예수님은 위선적이며 배타적인 유대인들과는 다른 그리스도인의 삶의 모습을 가르치십니다. 선생도, 아버지도, 지도자도 한 분뿐입니다. 그 한 분은 하나님이시며, 그리스도이십니다.

Q 그렇다면 다른 모든 사람들, 예수님의 말씀을 듣고 있던 제자들과 무리들, 그 무리들 속에 있을 이방인과 유대인들, 선주민과 이주민들, 여자들과 남자들, 가난한 자들과 부유한 자들 등 이들은 어떤 관계일까요?

Q 나와 다른 얼굴, 다른 직업, 다른 성별, 다른 국적을 갖고 있는 사람들과 형제 관계를 맺는다는 것은 어떤 삶을 요구할까요?

Q 나는 어떤 예수님을 믿고 있습니까?

11.
차별 없는 사회

박천웅 목사

마태복음 15 : 21~28

21 예수께서 거기서 나가사 두로와 시돈 지방으로 들어가시니 22 가나안 여자 하나
가 그 지경에서 나와서 소리 질러 이르되 주 다윗의 자손이여 나를 불쌍히 여기소서
내 딸이 흉악하게 귀신 들렸나이다 하되 23 예수는 한 말씀도 대답하지 아니하시니
제자들이 와서 청하여 말하되 그 여자가 우리 뒤에서 소리를 지르오니 그를 보내소
서 24 예수께서 대답하여 이르시되 나는 이스라엘 집의 잃어버린 양 외에는 다른 데
로 보내심을 받지 아니하였노라 하시니 25 여자가 와서 예수께 절하며 이르되 주여
저를 도우소서 26 대답하여 이르시되 자녀의 떡을 취하여 개들에게 던짐이 마땅하지
아니하니라 27 여자가 이르되 주여 옳소이다마는 개들도 제 주인의 상에서 떨어지는
부스러기를 먹나이다 하니 28 이에 예수께서 대답하여 이르시되 여자여 네 믿음이
크도다 네 소원대로 되리라 하시니 그때로부터 그의 딸이 나으니라

〈참조〉 마가복음 7 : 24~30

Ⅰ. 마음 열고 다가가기

1. 성경공부를 통한 기대

· 늘어나는 다문화가정 자녀들의 실태를 이해합니다.

· 다문화가정 자녀들이 가진 문제와 사회적 차별문화를 파악합니다.

· 다문화사회에서 교회가 무엇을 실천해야 할지 알아봅니다.

2. 성경공부 진행방법

· 성경공부는 7명이 넘지 않는 정도의 소그룹으로 진행합니다.

· 둥근 형태로 둘러앉으면 상호 경청하기 좋습니다.

· 다른 사람이 말할 때는 충분히 들어 주고, 가능하면 논쟁을 피하도록 합니다.

· 지난주에 어떤 일들이 있었는지 구성원들과 서로 공유합니다.

Ⅱ. 세상 바라보기

Q '혼혈인, 다문화가정 자녀, 이주민가정 자녀'[1] 하면 떠오르는 인상은 무엇입니까?

---

1. 혼혈인이란 용어는 주로 서양에서 백인과 흑인의 결합을 지칭하는 용어로 사용되었으나, 한국에서는 주로 주한 미군과 내국인 출신 여성과의 결혼에서 태어난 자녀들을 지칭하는 의미로 사용된다. 오늘날 한국에서 다문화가정 자녀라 함은 흔히 내국인과 동남아시아 결혼(혼인)이민자 사이에서 출생한 자녀를 지칭하며, 내국인과 백인 사이의 자녀는 글로벌가정 자녀라는 말을 사용하기도 한다. 한편 이주민가정 자녀는 주로 한국 국적을 갖지 않은 이주민의 자녀를 뜻한다.

한 분이 소리 내어 아래의 신문기사를 읽어 주시기 바랍니다.

다문화가정의 학부모 이모 씨는 초등학교 4학년 아들 A(11세)군이 급우에게 집단폭행을 당하자 캐나다 이민 계획을 앞당기기로 했다. A군은 끔찍한 경험을 잊지 못한 채 "죽고 싶다."는 말을 입에서 떼지 못했다. A군은 그럭저럭 2학기를 마쳤지만 개학 후 다시 등교를 거부했다. 담임선생님이 A군을 찾아가 설득하자 마지못해 학교에 갔다. B나라 아버지와 한국인 어머니 사이에 태어난 A군은 한국에서 태어나 한국말도 잘하고 한국 학생과 다를 바 없지만 '반에서 가장 재수 없는 아이'로 찍혀 왕따의 표적이 되었다.

(연합뉴스, 2012. 1. 8.)

Q 한국 국적자와 결혼하여 태어난 아이는 한국 국적자입니다. 한국인 어머니를 둔 A군은 한국에서 태어난 한국인이며, 한국말도 잘합니다. 내가 외국인과의 국제결혼, 또는 나의 자녀가 외국인과의 국제결혼을 하는 것에 대하여 어떻게 생각하십니까?

Q 다문화가정 자녀가 '반에서 가장 재수 없는 아이'로 찍혀 왕따의 표적이 되는 이러한 사회적 현상은 왜 일어날까요?

Q 한국에서 나고 자란 아이들에게 국적을 주자는 의견이 있습니다. 아이들의 외모는 한국인과 다르나 한국말을 하고, 한국 음식을 먹으며, 자신이 한국인이라고 생각합니다. 국제적으로 국적을 주는 방법에는 속지주의,[2] 속인주의[3]가 있습니다. 한국은 속인주의를 따르고 있습니다. 한국에서 나고 자란 아이에게 한국 국적을 주는 문제에 대해 어떻게 생각하십니까?

---

2. 부모의 국적과 상관없이 아기가 태어난 국가의 국적을 부여하는 제도.

3. 아기가 태어난 곳이 어디이든 그 부모의 국적이 어디인가에 따라 국적을 주는 제도.

Q 이주민가정[4]의 자녀 중 부모가 미등록 이주노동자[5]이더라도 'UN아동권리협약'에 의해 국내에서 중학교까지 학교에 갈 수 있는 권리가 있습니다. 고등학교는 학교장 재량입니다. 그러나 이들에게는 고등학교를 졸업하여도 대학 입학이 허락되지 않습니다. 이러한 문제에 대해 어떻게 생각하십니까?

Ⅲ. 말씀으로 비추어 보기

1. 본문의 배경 이해

오늘 본문에 한 명의 이주민이 등장합니다. 본문에서는 이 이주민을 단순하게 '가나안 여자'라고 묘사합니다. 성서에서 '가나안 출신 사람'이라는 말은 유대인에 의해 점령된 팔레스타인 지역의 '이교도 주민'이라는 차별과 편견을 가진 용어입니다. 성서에 등장하는 이주민이 '가나안 출신 사람'임을 강조하는 것은 이스라엘 사람이 '하나님의 백성'인 것과 대조시키기 위함입니다. 이 본문과 비슷한 내용이 마가복음 7 : 24~30에도 있습니다. 여기에서는 이 이주민을 '헬라인이요 수로보니게 족속'이라고 소개합니다. 마가복음의 '헬라인'이라는 표현에 주목할 필요가 있습니다. 등장하는 이주민은 당시 선진 문화인 헬라 문명을 받아들인 수로보니게 족속 출신으로 문화적으로 이중 정체성을

4. 모든 사람은 이주하며 살아간다는 관점에서 먼저 정착한 내국인을 '선주민', 나중에 정착한 외국인 출신을 '이주민'이라는 용어로 사용한다.

5. 미등록 이주노동자를 법무부에서는 소위 '불법체류자'로 분류한다. 그러나 불법체류자로 불릴 경우 그 사람이 어떤 사람인지 상관없이 '나쁜 사람, 법을 어긴 사람'으로 낙인찍힌다. 그래서 국제인권단체에서는 등록되지 못한 상태에서 '일하는 사람'을 강조하기 위해 '미등록 이주노동자'로 호칭한다.

가지고 살아가고 있었을 것입니다. 그 이유는 수로보니게 지역 주민들 대부분이 유대인이기 때문입니다. 본문의 표현처럼 '가나안 여자'이든, '헬라인이요 수로보니게 족속'이든, 이 이주민이 예수님을 만나자 "주 다윗의 자손이여, 나를 불쌍히 여기소서."라고 말합니다. 이 표현은 자신은 비록 이방인이지만 예수님을 다윗의 자손으로 지칭하며, 유대인의 표현 방식을 사용하고 있습니다. 이것은 여인이 유대 문화의 영향을 받았음을 나타냅니다. 이방인으로서 이주민이 예수님께 다가와 도움을 청하는 장면이 본문의 내용입니다.

2. 성서와 대화

Q 예수님을 찾아온 가나안 여자의 딸에게는 어떤 문제가 있었습니까?

Q 가나안 사람은 유대인들 사이에 거주하는 이주민입니다. 이 여인은 차별이 당연시되는 사회적 환경에도 불구하고, 자신이 처한 현실을 돌아봐 달라고 유대인인 예수님께 끈질기게 요구합니다. 이 여인이 예수님께 끈질기게 요청했던 표현들을 보며 어떤 생각이 듭니까?

Q "개들도 제 주인의 상에서 떨어지는 부스러기를 먹나이다."라는 말은 이주민으로 살아가기에 사회적 차별의 벽이 너무나 높은 현실에 대한 격한 분노의 표현입니다. 그런데 이 이주 여성은 왜 예수님 앞에서 자신을 차별하는 유대인의 표현 방식인 "주 다윗의 자손이여"라고 했을까요?

Q 이 이주민의 가장 큰 걱정은 딸의 정신적 질병입니다. 정신적 질병의 원인은 유전적 원인일 수도, 사회적 원인일 수도 있습니다. 이주민으로서 타국에서 살아가면서 자신의 자녀가 갖는 정신적 질병의 원인을 사회적인 문제에서 찾는다면 어떤 것이 원인이 될 수 있을까요?

Q 오늘 본문의 지리적 배경은 두로와 시돈 지방이며, 이 본문의 주인공은 가나안 출신 이주민입니다. 이주민이 예수님 앞에 나타나서 소리 질러 도와달라고 했을 때, 예수님은 왜 한 말씀도 대답하지 아니하셨을까요? 그리고 왜 "나는 이스라엘 집의 잃어버린 양 외에는 다른 데로 보내심을 받지 아니하였노라."라고 말씀하셨을까요?

Q 예수님은 가나안 여자의 딸의 정신적 질병을 고쳐 주시면서 "여자여, 네 믿음이 크도다. 네 소원대로 되리라." 말씀하셨습니다. 이주민들이 한국사회에서 자녀를 키우면서 당면한 문제를 해결하기 위해 어떤 믿음과 노력이 필요할까요?

Ⅳ. 말씀 따라 살기

저출산, 고령화로 나타나는 인구절벽의 현실에서 한국사회가 다문화사회로 변화되는 것은 자명한 현실입니다. 한국교회에도 다문화가정과 이주민가정 교인들이 늘어나고 있습니다. 다문화사회 현실에 맞게 정부에서는 다문화가족 지원 기본 사업으로 다문화가족 통합교육, 방문교육, 다문화가족 취업 연계 및 교육 지원, 상담을 진행합니다. 특성화 사업으로는 언어발달 지원 사업, 통번역 서비스 사업, 다문화가족 자조모임, 다문화 인식 개선 사업, 지역사회 협력네트워크 강화, 다문화가족 자녀 언어발달 지원 사업 등이 있습니다. 정부의 이러한 정책들은 소외되기 쉬운 사회적 약자들을 위한 차별 없는 사회를 형성하는 데 중요합니다. 한국사회에서 다문화가정 자녀들이 우선권에서 소외되지 않고 자신감을 가지고 살아갈 수 있도록 하는 것이 중요합니다.

Q 예수님이 가나안 여자의 딸을 고쳐 주신 사건을 보며, 교회가 다문화가정 자녀를 위해 배려하고 준비해야 할 부분에 대해 나누어 봅시다.

Q 다문화가정과 그 자녀가 이슬람교와 같은 타 종교일 경우에도 교회가 나서서 도와주어야 할까요? 종교가 다른 이주민들을 교회가 수용하고 함께할 수 있는 측면이 있다면 어떤 것이 있을까요?

Q 한국 국적을 취득한 결혼(혼인)이민자가 이혼한 후 한국에서 외국인 출신과 재혼을 하는 사례도 늘어나고 있습니다. 이런 경우 한국인 배우자와의 관계에서 태어난 아이는 당연히 정체성의 혼란이 생길 것입니다. 다문화사회의 사각지대에서 지내는 아이들을 위해 기도합시다.

V. 함께 기도하기

"하늘나라에서 이 땅으로 오신 주님, 다문화가정의 자녀들이 부모의 출신이 다르고 생김새가 다르다고 차별받는 일이 없게 해 주세요. 부모가 이주민이라는 이유로 소외당하지 않게 해 주세요. 딸을 고쳐 달라며 끈질기게 요청했던 가나안 여자를 예수님께서 돌아보아 주셨던 것처럼, 다문화가정의 자녀를 기억해 주세요. 하나님, 어머니나 아버지가 한국인 출신이 아니라고 창피해하지 않게 해 주세요. 오히려 친구들에게 부모님에 대하여 자신 있게 자랑하는 행복한 다문화사회가 되게 해 주세요. 다문화가정 자녀들이 미친 듯 소리 지르고 싶은 정신병적인 사회가 아니라, 친구들과 함께 웃고 즐길 수 있는 사회가 되게 해 주세요. 예수님의 이름으로 기도합니다. 아멘."

12.
사회적 약자를 돌보는 교회공동체

고경수 목사

마태복음 25 : 31~46

31 인자가 자기 영광으로 모든 천사와 함께 올 때에 자기 영광의 보좌에 앉으리니 32
모든 민족을 그 앞에 모으고 각각 구분하기를 목자가 양과 염소를 구분하는 것같이
하여 33 양은 그 오른편에 염소는 왼편에 두리라 34 그때에 임금이 그 오른편에 있
는 자들에게 이르시되 내 아버지께 복 받을 자들이여 나아와 창세로부터 너희를 위
하여 예비된 나라를 상속받으라 35 내가 주릴 때에 너희가 먹을 것을 주었고 목마를
때에 마시게 하였고 나그네 되었을 때에 영접하였고 36 헐벗었을 때에 옷을 입혔고
병들었을 때에 돌보았고 옥에 갇혔을 때에 와서 보았느니라 37 이에 의인들이 대답
하여 이르되 주여 우리가 어느 때에 주께서 주리신 것을 보고 음식을 대접하였으며
목마르신 것을 보고 마시게 하였나이까 38 어느 때에 나그네 되신 것을 보고 영접하
였으며 헐벗으신 것을 보고 옷 입혔나이까 39 어느 때에 병드신 것이나 옥에 갇히신
것을 보고 가서 뵈었나이까 하리니 40 임금이 대답하여 이르시되 내가 진실로 너희
에게 이르노니 너희가 여기 내 형제 중에 지극히 작은 자 하나에게 한 것이 곧 내게
한 것이니라 하시고 41 또 왼편에 있는 자들에게 이르시되 저주를 받은 자들아 나를
떠나 마귀와 그 사자들을 위하여 예비된 영원한 불에 들어가라 42 내가 주릴 때에
너희가 먹을 것을 주지 아니하였고 목마를 때에 마시게 하지 아니하였고 43 나그네
되었을 때에 영접하지 아니하였고 헐벗었을 때에 옷 입히지 아니하였고 병들었을
때와 옥에 갇혔을 때에 돌보지 아니하였느니라 하시니 44 그들도 대답하여 이르되
주여 우리가 어느 때에 주께서 주리신 것이나 목마르신 것이나 나그네 되신 것이나
헐벗으신 것이나 병드신 것이나 옥에 갇히신 것을 보고 공양하지 아니하더이까 45
이에 임금이 대답하여 이르시되 내가 진실로 너희에게 이르노니 이 지극히 작은 자
하나에게 하지 아니한 것이 곧 내게 하지 아니한 것이니라 하시리니 46 그들은 영벌
에, 의인들은 영생에 들어가리라 하시니라

"높은 빌딩이 세워지는 곳에 더 깊은 그늘이 생긴다."는 말이 있습니다. 우리가 살아가는 자본주의 경쟁사회 속에서 일어나는 일반적인 현상을 대변하는 말입니다. 산업을 기반으로 지탱되는 사회에서는 자본가와 노동자가 자유로운 계약을 통하여 생산성을 높이고, 수익을 재분배함으로 갈등 없이 상생과 공존의 길을 가야 하는 것이 기본 가치입니다. 그러나 강자가 약자를 억압하거나 착취함으로 인해 이러한 가치가 무너지면서 곳곳에서 공평과 정의를 외치는 사람들의 목소리가 끊이지 않고 있습니다.

이주노동자들 역시 인권의 사각지대에서 노동자로서의 기본적인 권리조차 누리지 못하고 있습니다. 주로 3D업종에 근무하고 있는 이주노동자들은 산업재해를 당하더라도 사업주의 소극적 태도로 인하여 스스로 자신의 문제를 해결해야 하거나, 터무니없는 합의로 치료를 종결하는 경우가 허다합니다. 또한 이주노동자는 몇 가지의 예외조항을 제외하고 사업주의 동의 없이는 사업장을 변경할 수 없도록 한 법률[1]로 인하여 노예와 같은 노동을 강요받고 있습니다. 더욱이 미등록 이주노동자[2]들은 건강보험의 혜택도 누리지 못할 뿐만 아니라 임금 체불 등의 억울함을 참아 내며 일하고 있는 것이 현실입니다.

이러한 맥락에서 오늘 복음서를 통해 예수 그리스도께서 하신 말씀의 뜻을 알고, 그리스도인으로서 이주민들을 어떤 시각으로 보아야 하며, 어떤 삶을 선택할 것인가를 결단하고자 합니다.

1. 외국인근로자의 고용 등에 관한 법률 제25조 제1항, 고용노동부(2003. 8. 16. 제정).

2. 출입국관리법상 비자 기간을 넘겨 외국인 등록이 되어 있지 않은 사람이라는 뜻으로 '미등록 이주노동자'(undocumented migrants)라는 용어 사용이 '불법체류자'(illegal worker)라고 부르는 것보다 그들의 삶의 자리를 오해 없이 받아들일 수 있다고 생각한다.

Q 주변에 살고 있는 이주노동자들에 대한 시각이 어떠했는지 각자 말해 봅시다.

Q 사회적 약자들과 함께 살면서 나는 그들을 위해 무엇을 하고 있는지 말해 봅시다.

Q 내가 속한 교회공동체에서는 사회적 약자와 관련하여 어떤 사역과 프로그램을 진행하고 있는지 알아봅시다.

Ⅱ. 말씀 바라보기

Q 마태복음 25장에는 천국에 대한 세 가지 비유가 나옵니다. 열 처녀 비유(1-13절), 달란트 비유(14-30절), 그리고 양과 염소 비유(31-46절)입니다. 천국은 예수 그리스도를 통해 이룬 현재적 구원임과 동시에 마지막에 이루어질 미래적 심판과도 연관되어 있습니다. 양과 염소 비유에 나타난 천국과 지옥은 어디에 해당되는 내용일까요?

Q 본문에 나오는 '양'과 '염소'는 어떤 사람들을 비유하고 있습니까?

Q 양과 염소로 비유되는 사람들은 마지막에 어떻게 된다고 말씀하고 있습니까?(34, 41, 46절)

Q 본문에서 '지극히 작은 자'와 '임금'(예수 그리스도)의 관계를 어떻게 말씀하고 있습니까?(40, 45절)

Q 본문 40절의 '내 형제'라는 단어를 어떻게 해석해야 할까요?

Ⅲ. 말씀 새기기

Q 마태복음 25:35의 '나그네'는 헬라어로 '크세노스'(xenos)로서, '다르고 낯섦'이라는 의미를 가지고 있습니다. 나그네의 다름과 낯섦이 의미하는 내용이 무엇일까요?(행 17:18, 엡 2:12-13, 히 11:13 참조)

"어떤 에피쿠로스와 스토아 철학자들도 바울과 쟁론할새 어떤 사람은 이르되 이 말쟁이가 무슨 말을 하고자 하느냐 하고 어떤 사람은 이르되 이방 신들을 전하는 사람인가 보다 하니 이는 바울이 예수와 부활을 전하기 때문이러라"(행 17:18).

"그때에 너희는 그리스도 밖에 있었고 이스라엘 나라 밖의 사람이라 약속의 언약들에 대하여는 외인이요 세상에서 소망이 없고 하나님도 없는 자이더니 이제는 전에 멀리 있던 너희가 그리스도 예수 안에서 그리스도의 피로 가까워졌느니라"(엡 2:12-13).

"이 사람들은 다 믿음을 따라 죽었으며 약속을 받지 못하였으되 그것들을 멀리서 보고 환영하며 또 땅에서는 외국인과 나그네임을 증언하였으니"(히 11:13).

Q 사도행전 2:5~11에서 초대 기독교 신앙공동체(초대교회)를 이루고 있는 사람들은 누구였습니까?

"그때에 경건한 유대인들이 천하 각국으로부터 와서 예루살렘에 머물러 있더니 이 소리가 나매 큰 무리가 모여 각각 자기의 방언으로 제자들이 말하는 것을 듣고 소동하여 다 놀라 신기하게 여겨 이르되 보라 이 말하는 사람들이 다 갈릴리 사람이 아니냐 우리가 우리 각 사람이 난 곳 방언으로 듣게 되는 것이 어찌 됨이냐 우리는 바대인과 메대인과 엘람인과 또 메소보다미아, 유대와 갑바도기아, 본

도와 아시아, 브루기아와 밤빌리아, 애굽과 및 구레네에 가까운 리비야 여러 지방에 사는 사람들과 로마로부터 온 나그네 곧 유대인과 유대교에 들어온 사람들과 그레데인과 아라비아인들이라 우리가 다 우리의 각 언어로 하나님의 큰 일을 말함을 듣는도다 하고"(행 2:5-11).

Q 갈라디아서 3:28과 골로새서 3:11에서 인종적, 신분적, 성적인 차별을 뛰어넘어 하나의 신앙공동체를 이룰 수 있는 비결이 무엇이라고 말씀하고 있습니까?

"너희는 유대인이나 헬라인이나 종이나 자유인이나 남자나 여자나 다 그리스도 예수 안에서 하나이니라"(갈 3:28).
"거기에는 헬라인이나 유대인이나 할례파나 무할례파나 야만인이나 스구디아인이나 종이나 자유인이 차별이 있을 수 없나니 오직 그리스도는 만유시요 만유 안에 계시니라"(골 3:11).

IV. 삶으로 결단하기

Q 우리는 주변의 이주민들이나 어려운 이웃을 볼 때, 측은한 마음과 돕고 싶은 마음을 갖게 됩니다. 그래서 일시적으로 그들을 위로하거나 지원하면서 우리의 책임을 다했다는 생각을 합니다. 그러나 우리는 그들의 고통의 근본적인 원인이 무엇인가에 대하여는 간과하고 있습니다. 시대와 장소를 불문하고 사회적 약자들은 존재하고, 그들의 고통의 소리는 끊이지 않고 있습니다. 그 이유에 대해 다 함께 나누어 봅시다.

Q 마태복음 25:35~44에 나오는 '나그네'를 오늘날 우리의 이웃으로 살아가는 '이주민'으로 적용했을 때, 그리스도인으로서 우리가 그들에게 어떤 시선을 가져야 하며, 어떻게 대하여야 할지 함께 나누어 봅시다.

Q 그리스도인은 예수님을 주님으로 믿고 그분의 말씀을 따라 살아가는 사람들입니다. 예수님이 이루신 하나님 나라는 모든 인종, 사회적 신분, 이념과 성별을 뛰어넘는 생명과 평화 그리고 사랑으로 하나 된 공동체입니다. 교회는 그리스도의 몸입니다. 그러므로 예수 그리스도를 섬기는 교회공동체는 가난한 자와 나그네 된 자, 병든 자와 옥에 갇힌 자들을 주님처럼 섬기는 것이 마땅합니다. 맘몬이 아닌 오직 예수 그리스도를 주님으로 섬기는 교회공동체가 실천해야 할 과제들을 구체적으로 이야기해 봅시다.

<세계인권선언 제2조>

"모든 사람은 인종, 피부색, 성, 언어, 종교 등 어떤 이유로도 차별받지 않으며, 이 선언에 있는 모든 권리와 자유를 누릴 자격이 있다."

<모든 이주노동자 및 그 가족의 권리에 관한 국제협약 제7조>[3]

"당사국은 자국의 영토 내에 있거나 관할권 하에 있는 모든 이주노동자와 그 가족에 대하여 성별, 인종, 피부색, 언어, 종교 또는 신념, 정치적 또는 기타의 의견, 민족적, 종족적, 또는 사회적 출신, 국적, 연령, 경제적 지위, 재산, 혼인상의 지위, 출생 또는 기타의 신분 등에 의한 어떠한 구별도 없이 인권에 관한 국제문서에 따라 이 협약에서 인정되는 권리를 존중하고 보장할 것을 약속한다."

3. 이 협약은 1990년 UN이 채택하였는데, 아직 대한민국은 본 협약에 가입하지 않고 있다.

Q 아래 글을 읽고 각자의 결단을 이야기해 봅시다.

사랑의 실천자라면
자기 먼저 천당에 가겠다고 발버둥치지 않고
지옥에서 고통당하는 사람을 돕겠다고 지옥행을 자원할 것이요,
설혹 천당을 생각하더라도
모든 사람이 먼저 들어가도록 도와준 다음
마지막에 들어가겠다는 결의를 다짐할 것이다.
이런 마음을 가질 때
그가 어디에 있든지 그곳이 천당이 되고
이들이 모인 곳이 천당이다.

-작자 미상

13.
치유된 삶

홍인식 목사

누가복음 13 : 10~17

10 예수께서 안식일에 한 회당에서 가르치실 때에 11 열여덟 해 동안이나 귀신 들려
앓으며 꼬부라져 조금도 펴지 못하는 한 여자가 있더라 12 예수께서 보시고 불러 이
르시되 여자여 네가 네 병에서 놓였다 하시고 13 안수하시니 여자가 곧 펴고 하나님
께 영광을 돌리는지라 14 회당장이 예수께서 안식일에 병 고치시는 것을 분 내어 무
리에게 이르되 일할 날이 엿새가 있으니 그동안에 와서 고침을 받을 것이요 안식일
에는 하지 말 것이니라 하거늘 15 주께서 대답하여 이르시되 외식하는 자들아 너희
가 각각 안식일에 자기의 소나 나귀를 외양간에서 풀어내어 이끌고 가서 물을 먹이
지 아니하느냐 16 그러면 열여덟 해 동안 사탄에게 매인 바 된 이 아브라함의 딸을
안식일에 이 매임에서 푸는 것이 합당하지 아니하냐 17 예수께서 이 말씀을 하시매
모든 반대하는 자들은 부끄러워하고 온 무리는 그가 하시는 모든 영광스러운 일을
기뻐하니라

참여자와 함께하는 기대

· 허리 굽은 여자의 모습을 통하여 오늘의 경쟁사회가 얼마나 우리의 허리를 휘어지게 만들고 있는 사회인가를 깨닫습니다.
· 예수님의 치유 사역을 통하여 현재 나의 삶의 목표가 무엇인가를 성찰함으로써 허리를 휘어지게 만드는 경쟁사회에서 어떤 가치관을 가지고 살아가야 할지 성경을 통하여 생각해 봅시다.
· 오늘의 말씀을 통하여 경쟁을 넘어서는 대안적 사회를 실현하기 위한 성서적 원리와 행동을 발견하고 그에 따른 삶을 살도록 결단합시다.

I. 말씀 맛보기

1. 이적의 배경과 내용

본 이적이 기록되어 있는 누가복음은 다른 복음서와는 달리 자신만의 독특한 신학적 관심을 보여 주고 있습니다. 첫째는 가난한 자에 대한 관심입니다. 둘째는 세리와 죄인에 대한 관심이고, 세 번째는 여성에 대한 관심입니다. 마지막으로 사마리아 사람과 이방 사람들에 대한 관심과 배려도 보여 주고 있습니다. 이러한 면에서 문화적인 다양성을 보이고 있는 것이 누가복음의 특징이라고 볼 수 있습니다. 오늘 본문의 허리를 펴지 못하는 병을 앓고 있는 여인의 치유 사건도 이러한 누가복음의 특징으로 바라보아야 할 것입니다.

본 이적은 오직 누가복음만이 전하고 있는 기록인데, 내용은 다음과 같습니다. 유대인의 회당 안에 18년 동안 병을 앓고 있는 여인이 있었습니다. 그녀는 허리를 펴지 못했습니다. 그래서 제대로 활동을 할 수가 없었습니다. 마침 안식일이 되어서 회당을 방문한 예수님은 그녀의 병을 치료해 주십니다. 이를 목격한 회당장은 예수님을 나무랍니다. 안식일에 해서는 안 될 일을 했기 때문입니다. 회당장의 지적에 예수님은 오히려 반박을 하고 회당장을 비롯한 주위의 사람들은 아무 말도 못한 채 부끄러워했습니다.

먼저, 우리는 이 이적이 회당에서 그리고 안식일에 발생하였음에 주목해야 합니다. 당시 종교체제에 대한 또 다른 도발적인 행위를 보여 주는 이적이며, 이것을 통하여 당시 종교체제가 추구하고 있는 삶의 모습과 하나님 나라의 모습이 대척점에 있음을 보여 주고 있습니다. 그래서 예수님은 회당에서 그리고 안식일에 이러한 이적을 행하셨습니다. 이것은 예수님의 의도적인 행위라고 볼 수 있습니다.

Q 오늘의 사회에서 우리의 허리를 휘어지게 만드는 일들을 열거해 봅시다. 학부모들 사이에서 유행하는 말 중에 '등골 브레이커'라는 말이 있습니다. 이 말이 무엇을 의미하는지에 대하여 이야기해 봅시다. 이에 대한 직접적인 경험이 있습니까?

Q 오늘 나의 삶을 힘들게 하고 허덕이게 만드는 일들이 무엇인지 생각해 봅시다. 그리고 그것이 어디서 시작되고 있는지에 대하여 생각해 봅시다.

1. 첫 번째 이야기

아직 동이 트지 않은 어스름한 새벽, 비닐하우스 안에서 불빛이 새어 나옵니다. 온기라곤 찾아볼 수 없는 공간에는 먼지 쌓인 가재도구와 컨테이너 박스가 있습니다. 그 안에선 20살을 갓 넘긴 외국인 근로자들이 전기장판 하나에 의지한 채 영하의 추위를 견디고 있습니다. 변변한 식재료도, 조리 도구도 없지만 하루 세 끼를 모두 이곳에서 해결해야 됩니다. 명절도, 국경일도 없이 휴일은 한 달에 두 번, 하루 12시간 가까이 일한 대가는 최저 임금을 조금 넘는 수준입니다. 게다가 농장주는 이 돈에서 숙소비 명목으로 일정 금액을 떼어 갑니다. 참다못한 캄보디아 여성 리호우 씨는 지난 8월 고용노동부에 진정했고, 쫓겨나다시피 외국인 쉼터로 옮겼습니다. 농장주는 오히려 사업장 무단이탈로 리호우 씨를 신고했습니다. 고용부는 인권 단체와 함께 항의 차 찾아온 리호우 씨 일행이 소란을 피운다며 신고해 리호우 씨만 불법체류자로 경찰에 연행됐습니다. 현재 리호우 씨는 청주 외국인보호소에 구금돼 강제출국당할 위기에 처했습니다. 외국인 근로자의 열악한 노동 환경이 한 개인만의 문제일까요?
(http://imnews.imbc.com/replay/2017/nwdesk/article/4195469_21408.html)

Q 위 사례에서 농장주는 왜 이런 노동 착취를 하는 것일까요? 그에게 있어서 이주노동자는 어떤 존재였을까요?

Q 이주노동자 착취 사례에서 고용주는 어떤 처벌을 받았을지 서로 이야기해 봅시다.

Q 불법체류자로 구금된 이주여성노동자를 강제출국시키는 것이 마땅하다고 생각하십니까?

Q 한 사람의 미래가 어린 시절부터 혹은 태생부터 결정되어지는 사회에 대하여 말해 봅시다. 그러한 사회적 불평등이 오늘 본문의 경우처럼 허리를 굽게 만드는 일과 어떤 상관이 있는지에 대해서 이야기를 나누어 봅시다.

2. 허리를 굽게 하는 사회와 종교

우리가 주목해 보아야 할 것은 환자가 앓고 있는 병입니다. 그녀는 무엇인가에 눌려 있습니다. 그것을 성서는 귀신이라고 명명하고 있습니다. 그녀는 귀신에 억눌려서 혹은 붙잡혀서 시달리고 있었습니다. 이런 연유로 그녀는 허리를 펴지 못했고, 따라서 정상적인 활동도 할 수 없었습니다. 무엇이 그녀를 그토록 억눌리게 하여 조금도 허리를 펼 수 없도록 만든 걸까요?

그러나 그 여인만 그런 것이 아니었습니다. 당시의 상황을 보면 대다수의 사람들이 제대로 허리를 펴지 못하고 살았습니다. 소수만을 위한 사회체제 아래 그리고 로마정권의 학정 속에서 대부분이 허리를 펴지 못하고 살았습니다. 그들에게 부과되는 막중한 세금으로 인하여 그들은 많은 노동을 하고도 삶을 이어 갈 수 없는 어려운 상황이었습니다.

당시의 기록을 보면 전 국민의 90% 가량이 극빈자의 상황에 놓여 있었다는 사실을 알 수 있습니다. 아무리 열심히 일을 해도 상황이 조금도 나아지지 않는 암울한 현실이었습니다. 18년 동안 허리를 펴지 못하는 병을 앓고 있는 여인은 당시의 모든 사람들을 대표하는 상징이기도 했습니다.

당시의 사람들은 유대교가 주는 무거운 짐에 허덕였습니다. 종교적 계율은 가뜩이나 어려운 그들의 삶을 더욱 무겁게 했고, 허리를 휘게 만들었습니다. 종교를 통하여 삶의 안식과 평화를 누린 것이 아니라 늘 어렵고 무거운 짐 속에서 허덕이고 있었습니다. 회당 안에서 발견되어지는 18년 동안 허리를 펴지 못한 여인의 모습은 그것을 대변하고 있습니다.

Q 18년 동안 허리를 펴지 못한 여인을 치유한 일은 유대인들에 의해서 비판받고 있습니다. 당장 죽을 병도 아닌데 안식일을 피해서 치유하면 아무런 문제가 없을 것을, 왜 굳이 안식일에 이 일을 행하느냐는 것입니다. 이 비판이 정당하다고 생각하지 않습니까? 왜 굳이 예수님은 안식일에 그 일을 행하셨을까요? 이 사건을 유대인과 허리를 펴지 못하는 여인과 그리고 예수님의 입장에서 이야기해 봅시다.

Q 오늘 우리 사회에서 18년 동안 허리를 펴지 못하는 병을 앓고 있는 사람은 누구라고 말할 수 있을까요? 이주노동자, 비정규직 노동자, 청년, 여성, 다문화가정 자녀, 장애인 등은 아닐까요?

Ⅲ. 말씀 올바로 이해하기

1. 여인의 허리를 고쳐 주신 예수님 : 무능한 종교를 거부하다

예수님은 회당 안에서 허리를 펴지 못하고 살아가는 여인을 만납니다. 그리고 즉시 그녀의 허리를 고쳐 주십니다. 우리는 이 장면에서 그

동안 그녀가 허리를 펴지 못하고 살았던 장소가 회당 안이라는 사실과 병을 앓고 있었던 기간이 무려 18년이었다는 사실에 주목하고자 합니다. 그 긴 시간 동안 회당의 종교지도자들은 무엇을 하고 있었는지 질문하지 않을 수 없습니다.

누가복음의 저자는 오늘의 이적 바로 전에 열매를 맺지 못하는 무화과나무의 비유를 기록하고 있습니다. 무화과나무 비유와 오늘 회당에서 만나는 18년 동안 허리를 펴지 못한 여인을 보고도 아무것도 하지 못하고 있는 회당의 종교지도자들이 겹쳐 떠오르지 않습니까? 누가복음 저자의 해학이 두드러지는 장면이 아닐 수 없습니다.

Q 10~12절까지를 허리를 펴지 못하는 병을 앓고 있는 여인의 눈으로 자세히 읽어 봅시다. 특히 결혼(혼인)이주여성의 눈으로 예수님이 하시는 행동을 열거해 보고, 그 특징에 대하여 이야기해 봅시다.

Q 성경은 여인을 귀신 들렸다고 말하고 있습니다(11절). 귀신에 의해 허리를 펴지 못하는 병을 앓고 있다고 말합니다. 오늘의 상황에서 귀신을 어떻게 해석해야 할까요? 왜 예수님은 귀신과 대화하거나 그를 쫓아내지 않고 여인을 불러 단순히 "치유되었다."라고 선포하시는 걸까요?

Q 예수님은 안수함으로 여인의 병을 치료하셨습니다(13절). 안수라는 행위에 특별한 의미가 있는 걸까요? 유대 남성이 안식일에 회당에서 그것도 병에 걸린 여인을 만지는 것이 가능한 일일까요? 안수와 병 치유는 어떤 관련이 있는 걸까요? 이에 대하여 이야기해 봅시다.

Q 회당장의 반응에 대하여 어떻게 평가할 수 있을까요? "일할 날이 엿새가 있으니 그동안에 와서 고침을 받을 것이요 안식일에는 하지 말 것이니라"(14절). 맞는 말이 아닐까요? 굳이 예수님이 치유하실 필요가 있었을까요? 필요가 있었다면 그 이유가 무엇일까요?

Q 예수님의 반응에 대하여 생각해 봅시다(15-16절). 치유받은 여인의 입장에서 예수님의 반응은 어떤 느낌을 주었을까요? 내가 본문의 여인의 입장에 있었다면 안식일임에도 불구하고 나를 고쳐 주시는 예수님에 대하여 어떻게 평가를 내렸을까요?

2. 무능하고 무감각한 종교

예수님은 무능하고 무감각한 종교를 비판하고 있습니다. 18년 동안 아픈 몸을 이끌고 회당에 나오는 여인을 보면서도 그 종교는 아무것도 하지 못하고 있었습니다. 고작 그들이 하고 있는 것이라곤 안식일에는 병을 고쳐서는 안 된다는 질책뿐이었습니다. 얼마나 무능한 모습인가요? 아무것도 못하는 무기력하고 무능한 종교! 그것이 당시의 유대교의 모습이었습니다. 무능할 뿐만 아니라 오히려 무거운 짐을 사람들에게 지어 줌으로써 더욱 허리를 휘게 만들고 있는 허울뿐인 종교! 예수님은 그것을 고치려고 이 땅에 오신 것입니다. 예수님은 다른 곳이 아닌 바로 회당 안에서 그것도 안식일에 여인을 고치셨습니다. 무능한 종교, 무기력한 종교, 자신의 교리에만 갇혀서 사람들로 하여금 허리를 펴지 못하도록 만드는 종교를 정면으로 거부하는 예수님의 모습을 이 이적은 보도하고 있는 것입니다.

Ⅳ. 말씀을 통하여 삶의 이야기로 들어가기

Q 오늘 한국사회가 어떤 면에서 이주민, 이주노동자, 결혼(혼인)이주여성, 청년, 장애인 등 소외계층의 허리를 굽게 하고 있는가에 대하여 제도, 법률, 문화, 환경 등의 측면에서 이야기를 나누어 봅시다.

Q 우리의 허리를 굽게 만드는 사회 구조를 어떻게 개선해 나갈 수 있을지 진지하게 생각해 봅시다. 여성, 이주민, 결혼(혼인)이주여성, 미등록이주민, 난민, 다문화가정의 자녀, 청년, 노년, 비정규직 노동자, 정규직 노동자, 장애인 등 자신이 처해 있는 상황으로부터 생각해 봅시다.

나가면서 : 허리 폄을 생각하다

1. 이율배반적인 종교에 대한 거부

예수님의 치유 이적은 즉각적으로 회당장의 반발을 불러일으키고 있습니다. 회당장의 반발은 타당합니다. 그는 굳이 안식일에 이 일을 해서 부정적인 반응을 불러일으키고 있느냐는 것입니다.

이에 대한 예수님의 답변은 간단합니다. 예수님은 회당장을 비롯한 종교지도자들을 위선자라고 비난하십니다. 그들은 자신의 이익을 위해서 법 해석을 자유롭게 하면서도 다른 사람에게는 엄격하게 적용함으로써 자신만을 위한 종교를 만들어 갔습니다. 그것은 위선입니다. 종교는 자신의 이익을 보호하고 추구하기 위한 것이 아닙니다. 오히려 자신의 것을 희생하면서도 다른 사람을 위한 것이라면 그렇게 하는 것이 올바른 종교의 모습입니다.

하나님 나라의 모습이 바로 이것입니다. 다른 사람을 위한 삶을 살아가고 또 그러한 삶의 모습을 보여 주는 것입니다. 그러나 이들 유대교 종교지도자들은 전혀 그러한 삶의 모습을 보여 주지 못했습니다. 그래서 그들은 위선자들입니다. 위선자는 자신에게는 관대하나 다른 사람에게는 엄격한 종교인을 말합니다.

그러나 그것보다도 더 무서운 것은 그들의 무감각한 모습입니다. 이 여인은 18년 동안이나 병을 앓고 있었습니다. 그녀에게는 하루하루의 삶이 지옥이었을 것입니다. 그녀는 안식일에 회당에서 예수님을 만납니다. 그리고 예수님은 그녀를 즉시 고쳐 주십니다. 만일 예수님이 오늘은 안식일이니 내일 고쳐 주겠다고 하셨다면 그녀의 고통은 더욱 커졌을 것입니다. 그녀에게 하루는 천 년이기 때문입니다. 일 분이라도 빨리 그 고통에서 벗어나고 싶은 것이 고통당하는 사람들의 심정이 아니겠습니까? 예수님은 그녀의 고통 한가운데 계셨습니다. 그래서 그 날이 안식일이라 할지라도 하루 빨리 그녀를 고통에서 벗어나게 해 주고자 하셨습니다.

그러나 회당장은 그렇지 않았습니다. 18년이나 그렇게 살아왔는데 하루 정도 더 산다고 달라질 것이 없다고 생각하고 있습니다. 무감각입니다. 다른 사람의 고통을 이해하지 못하는 무감각한 사람의 전형입니다. 오늘 우리의 모습이 이와 같지는 않은가요?

종교가 자신의 세계에만 깊이 빠져들게 되면 이렇게 변합니다. 무감각한 모습으로 변합니다. 다른 사람의 고통 앞에서 무감각해지고, 무감동해지며, 무관심해지고, 또 무기력해집니다. 오늘 예수님은 안식일에 회당에서 18년 동안이나 허리를 펴지 못한 여인을 고쳐 줌으로써 무감각, 무감동, 무관심, 무기력한 당시의 종교에 경종을 울리고 계십니다. 오늘 우리 믿는 이들에게도 경고하고 계십니다. 우리 주위의 많은 이주민들, 다문화가정의 자녀들, 비정규직 노동자들, 여성, 가난한 사람들, 주류사회의 관심으로부터 멀어져 있는 억울하고 힘없는 사람들을 우리는 어떤 시각으로 바라보고 있습니까?

14. 실천으로 이끄는 평화로운 대화

박홍순 목사

요한복음 4 : 1~42

…… 9 사마리아 여자가 이르되 당신은 유대인으로서 어찌하여 사마리아 여자인 나
에게 물을 달라 하나이까 하니 이는 유대인이 사마리아인과 상종하지 아니함이러라
10 예수께서 대답하여 이르시되 네가 만일 하나님의 선물과 또 네게 물 좀 달라 하
는 이가 누구인 줄 알았더라면 네가 그에게 구하였을 것이요 그가 생수를 네게 주
었으리라 11 여자가 이르되 주여 물 길을 그릇도 없고 이 우물은 깊은데 어디서 당
신이 그 생수를 얻겠사옵나이까 12 우리 조상 야곱이 이 우물을 우리에게 주셨고 또
여기서 자기와 자기 아들들과 짐승이 다 마셨는데 당신이 야곱보다 더 크니이까 13
예수께서 대답하여 이르시되 이 물을 마시는 자마다 다시 목마르려니와 14 내가 주
는 물을 마시는 자는 영원히 목마르지 아니하리니 내가 주는 물은 그 속에서 영생하
도록 솟아나는 샘물이 되리라 ……

1. 모둠 만들기

- 4~5명이 한 모둠이 되도록 만듭니다.
- 서로 인사를 나눈 후에 논의한 내용을 기록할 사람을 선정합니다.
- 한 사람이 대화를 독점하지 않고 돌아가며 골고루 이야기를 나눕니다.
- 논의한 내용을 다른 모둠과 나누는 방식으로 진행합니다.

2. 이야기 나누기

Q 지금까지 나누었던 대화 가운데 인상적인 대화가 있습니까? 각자의 이야기를 나누어 봅시다.

Q 누군가와의 대화에서 새로운 깨달음을 얻고 스스로 성찰하는 계기가 있었다면 각자 돌아가며 이야기를 나누어 봅시다.

대화하는 것이 쉬운 것처럼 보이지만 진지하고 의미 있는 대화를 나누는 것은 쉽지 않습니다. 대화에 대한 다양한 이론과 방법들은 건강한 대화를 위해서 노력이 필요함을 알 수 있습니다. 상대방을 비난하거나 평가하지 않고 평화적인 대화를 시도하고 '비폭력 대화'를 실천하는 것은 중요합니다.

비폭력 대화와 평화적 대화 방법을 통해서 성서연구를 진행해 봅시다. 대화에서 중요한 것 가운데 하나는 경청, 즉 잘 듣는 것입니다. 대화의 방법을 통해서 성서연구를 진행하는 것도 중요한 시도라고 할 수 있습니다.

Ⅱ. 성서 읽기와 나눔

1. 성서 읽기

· 성서를 읽고 공부하는 사람들 숫자에 따라 다양한 방식을 적용해 볼 수 있지만 대체로 20명 이하의 그룹으로 모인다고 가정해 봅시다.
· 이제 한 사람이 대표해서 요한복음 4 : 1~42까지 말씀을 읽습니다.

2. 성서 읽기와 듣기

Q 한 사람이 대표해서 성서본문을 읽을 때 어떤 느낌과 감정이 생겼습니까?

Q 성서본문 이야기 가운데 머릿속에 떠올랐던 단어나 문장, 느낌을 한 단어 혹은 한 문장으로 표현해 봅시다.

성서연구는 눈을 포함한 온몸으로 읽고 듣고 그리고 행동하도록 이끕니다. 모든 것을 집중해서 성서를 읽고 들은 후에 각자가 가지고 있던 선입견과 편견이 사라지는 경험을 나누는 것은 소중합니다. '다문화'라는 용어를 접할 때 갖게 되는 선입견과 편견을 점검할 수 있도록 기회를 제공합니다.

Ⅲ. 전체 함께 읽고 나누는 성서 읽기

1. 모둠 만들기

· 20명을 10명 이하로 두 모둠을 만들어 성서본문을 다시 읽습니다. 각각의 모둠은 독립된 공간으로 이동해서 제시된 성서본문인 요한복음 4 : 1~42 말씀을 다시 읽습니다.

· 모둠별로 성서를 읽을 때 온몸으로 성서를 읽었던 기억과 감각과 새로운 시선을 떠올리며 창의적이며 독창적으로 읽고 묵상합니다.

2. 역할극 준비하기

· 두 모둠으로 나누어서 진행하는 전체 읽기는 모둠에 참여한 사람들이 성서본문을 몸으로 어떻게 표현할 수 있는지 논의하는 방식입니다.

· 동일한 본문을 각각 다른 모둠이 어떻게 해석하고 표현하는지 논의한 후에 다시 모여서 발표합니다. 성서본문을 역할극(role play)으로 어떻게 해석하고 표현하는지 살펴보는 것입니다.

3. 해석과 관찰

· 각각 다른 모둠은 일정한 시간(15-20분) 동안 성서본문을 다시 읽고 해석하고 모둠에 참여한 사람들이 어떤 역할을 수행할 수 있는지 논의하고 자원하는 시간을 갖습니다. 역할과 소품은 모두 성서

연구를 진행하는 장소에 국한되어 사용할 수 있습니다.

- 성서본문을 어떻게 해석할 수 있을까요? 누가 어떤 역할에 적합할까요? 성서본문에 나오는 환경을 어떻게 표현할 수 있을까요? 역할극을 통해서 무엇을 나타낼 수 있을까요?
- 한 모둠이 자신들이 준비한 역할극을 진행하는 동안에 다른 모둠은 관찰합니다. 성서본문을 어떻게 해석하고, 어떻게 표현하고 있는가를 살펴볼 뿐만 아니라 등장하는 인물 묘사도 주목합니다.
- 이번에는 다른 모둠이 준비한 역할극을 수행하고 먼저 발표한 모둠은 관찰합니다. 자신의 모둠과 다른 해석과 표현에 주목하는 동시에 등장인물 묘사도 살펴봅니다.

해석과 관찰을 통해서 다양한 질문을 던져 볼 수 있습니다. 성서본문에 등장한 사람들을 있는 그대로 묘사할 수도 있고, 다른 해석을 반영할 수도 있습니다. 성서본문이 기록될 당시 모습을 재현할 수도 있고, 지금 시대를 반영하여 해석할 수도 있습니다.

해석과 관찰의 과정을 통해서 자신이 갖고 있는 편견과 선입견이 시선과 관점을 바꾸거나 지배할 수도 있다는 것을 깨닫게 됩니다. 예를 들어 성서본문을 해석하고, 역할극을 관찰하는 모습을 돌아보면 선입견과 편견을 가진 자아를 발견할 수 있습니다. 성서를 읽고 해석하는 이유 중 하나는 성서본문을 제대로 읽고 해석하고 그 의미를 따라서 살기 위함입니다.

1. 대화와 나눔을 통한 성찰

Q 개인별 성서 읽기와 모둠별 성서 읽기를 시도하면서 깨닫게 되었던 것을 나누어 봅시다. 성서를 눈만이 아니라 온몸으로 읽었을 때 느꼈던 소감을 나누어 봅시다. 그리고 모둠별로 성서본문을 해석하고 표현한 후 관찰했던 상황에 대해서 이야기해 봅시다.

대화와 성찰은 개인이 갖고 있는 한계를 넘어서 다른 사람들의 시선과 관점을 돌아보게 합니다. 다른 문화와 환경, 다른 처지와 상황에 따라 동일한 성서본문에서도 다른 메시지를 얻게 될 것입니다.

2. 다시 성서본문 속으로

1) 유대에서 갈릴리로의 여행

예수님과 제자들은 유대를 떠나서 갈릴리로 이동하고 있었습니다. 그 길은 사마리아를 통과해야 하는 여정이었습니다. 그 낯선 곳에서 예수님은 사마리아 여인을 만납니다. 대낮에 물을 길러 우물로 나온 사마리아 여인에게 말을 걸고 있는 예수님의 모습에 주목해 볼 수 있습니다.

Q 예수님은 왜 유대에서 갈릴리로 여행하면서 사마리아를 통과하셨을까요?(3-4절)

Q 사마리아 여인은 왜 대낮에 우물가에 물을 길러 나왔을까요?(6절)

Q 사마리아 여인은 말을 걸어 온 예수님에게 왜 의외라는 반응을 보였을까요?(7-9절)

유대인의 시간 계산은 해가 뜰 때부터 해가 질 때까지를 12등분해서 제1시부터 제12시로 나타냅니다. 성서본문에 언급된 제6시는 정오, 즉 낮 12시입니다. 예를 들어서 제3시는 오전 9시, 제9시는 오후 3시, 제11시는 오후 5시라는 것을 알 수 있습니다. 따라서 사마리아 여인이 정오 대낮에 우물가에 물을 길러 나갔던 것을 알 수 있습니다.

유대인은 사마리아 사람들을 좋아하지 않았습니다. 북이스라엘이 기원전 721년 아시리아(앗수르) 제국에 멸망을 당하고, 이후 사마리아에는 시리아나 메소포타미아 지역의 이민족이 정착하게 되었습니다. 이로 인해 사마리아인은 이민족과 피가 섞여 혼혈 인종이 되었습니다. 혈통, 문화, 종교가 혼합되는 상황을 부정적으로 바라본 유대인은 사마리아인을 배제하고 차별했던 것입니다.

2) 대화와 만남

예수님과 사마리아 여인의 첫 만남과 대화는 아주 일반적이고 기초적인 것이었습니다. 그리고 대화가 계속되면서 여인은 예수님과 깊은 대화를 이어 갑니다. 이와 같은 대화와 만남을 통해서 사마리아 여인은 자신뿐만 아니라 마을 사람들을 위해서도 적극적으로 행동하게 됩니다.

· 예수님과 사마리아 여인이 서로 주고받은 대화 내용을 정리해 봅

시다.

· 사마리아 여인이 예수님을 부르는 호칭의 변화에 주목해 봅시다.
· 예수님과 사마리아 여인의 대화가 점층적으로 상승하는 것을 알 수 있습니다. 일반적 주제, 생수와 예배 그리고 '메시아'라는 신학적 주제, 그리고 남편과 관련된 개인적 주제로 전환하는 것에 주목하며 다시 읽어 봅시다.

예수님과 사마리아 여인의 대화는 평화적인 대화가 사람을 성장시키고 성숙하게 만든다는 것을 보여 줍니다. 일반적으로 적대적이며 서로 상종하지 않는 관계라는 편견과 선입견에도 불구하고 진심으로 나누는 대화는 사마리아 여인을 변화시킵니다. 예수께서 사마리아 여인에게 보여 주신 태도는 사람을 있는 모습 그대로 존중해 주는 배려의 모습이었습니다.

'다문화'라는 용어에 대해서 다양한 정의가 존재하지만, 중요한 하나의 정의는 '사람을 대하는 태도'입니다. 외모나 겉모습, 성별이나 출신국가로 사람을 판단하거나 평가하지 않고, 있는 모습 그대로 존중하고 배려할 수 있는 태도가 바로 '다문화적 인식'이라 할 수 있습니다.

3) 주체적 존재

예수님과의 대화를 통해서 스스로 깨닫게 된 사마리아 여인은 우물가에 왔던 이유와 목적, 즉 물동이를 버리고 마을로 달려갑니다. 자기 자신뿐만 아니라 이제까지 소홀했던 마을 사람들을 주목합니다. 혼자서 대낮에 우물가에 왔던 이전의 모습과는 달리 활발하고 주체적인 태도와 모습으로 마을로 달려가는 모습이 인상적입니다.

Q 누군가와의 대화를 통해서 스스로 깨닫고 사고와 관점이 확장된 경험이 있습니까?

Q 평화적인 대화를 나눈다는 것은 무엇을 뜻하는지 자신의 생각을 나누어 봅시다.

Q 개인 영역에서 공동체 영역으로 생각과 실천이 확대되었던 경험이 있습니까?

교육이란 스스로 깨닫도록 가르치는 것이라는 '페다고지'(pedagogy)에 대해서 찾아보고, 일방적인 가르침이 아니라 상호 교육이 제공하는 의미에 주목해 봅시다. 사마리아 여인이 예수님과의 만남과 대화를 통해서 점층적으로 생각과 가치관이 확장되고 있는 것을 발견할 수 있습니다.

일상적인 대화를 나누던 예수님과 사마리아 여인은 신학적이며 철학적인 주제로 대화하고 토론하고, 이후에 지극히 개인적인 주제에 대해서 대화를 진행합니다. 이와 같은 대화 내용과 방식을 통해서 사마리아 여인은 성장하고 성숙하고 있습니다. 그리고 진심으로 자신을 성찰할 수 있는 사람이 되었고, 마을 사람들과 공동체에 대해서 깊은 연민과 공감의 연대를 하게 되었습니다. 단지 사마리아 여인은 예수님과 대화를 나누었을 뿐입니다. 이와 같은 평화로운 대화가 바로 '페다고지' 교육학을 보여 주는 하나의 사례라고 할 수 있습니다.

V. 함께 만들어 가는 평화로운 공존

1. 존중과 배려의 대화 실천

다문화사회에서 이주민과 선주민이 평화로운 공존을 이루기 위한 첫 단계는 진심으로 서로를 이해하기 위해서 만나는 것입니다. 만남 또한 수직적 만남이 아니라 수평적 만남이 되기 위해서 애써야 합니다. 사람은 모두가 동등합니다. 따라서 위계적 구조나 우월적 태도는 도움이 되지 않습니다. 신분이나 지위, 성별이나 출신국가, 부와 권력과 상관없이 '있는 모습 그대로'를 존중하고 배려하면서 만나고 대화를 나눌 수 있는지 스스로에게 질문해야 합니다.

사마리아 여인과 대화를 나누는 예수님은 유대인과 사마리아 사람이 서로 상종하지 않고 배제하고 차별하고 있다는 것을 알고 있음에도 사람을 있는 모습 그대로 존중하고 배려하는 모습을 보여 주셨습니다.

2. 주체적 존재로 함께 살아가기

사마리아 여인은 예수님과의 대화를 통해서 스스로 깨닫고 성찰하는 힘을 얻게 되었습니다. 자신을 돌아볼 뿐만 아니라 마을 사람들을 포함한 공동체에 주목하는 놀라운 변화도 보여 주었습니다.

다문화사회에서 살아가는 이주민을 바라보는 선주민의 시각은 동정과 시혜에 머물 때가 많이 있습니다. 하지만 이주민을 불쌍한 존재로 바라보는 시각이 아니라 더불어 살고 공존할 수 있는 동등한 존재로 바라보아야 합니다. 이주민이 스스로를 돌아보고 깨달은 후 자신뿐만 아니라 공동체와 한국사회를 돌아보고 성찰할 수 있도록 기회와 여건을 제공해야 합니다. 사마리아 여인이 깨달음과 성찰을 통해서 주체적 삶을 살았던 것처럼, 이주민이 이와 같은 실천적 삶을 살 수 있도록 함께 만들어 갔으면 좋겠습니다. 평화!

15.

머릿돌이 된 버려진 돌

오현선 목사

사도행전 4 : 5~11

5 이튿날 관리들과 장로들과 서기관들이 예루살렘에 모였는데 6 대제사장 안나스와
가야바와 요한과 알렉산더와 및 대제사장의 문중이 다 참여하여 7 사도들을 가운데
세우고 묻되 너희가 무슨 권세와 누구의 이름으로 이 일을 행하였느냐 8 이에 베드
로가 성령이 충만하여 이르되 백성의 관리들과 장로들아 9 만일 병자에게 행한 착한
일에 대하여 이 사람이 어떻게 구원을 받았느냐고 오늘 우리에게 질문한다면 10 너
희와 모든 이스라엘 백성들은 알라 너희가 십자가에 못 박고 하나님이 죽은 자 가운
데서 살리신 나사렛 예수 그리스도의 이름으로 이 사람이 건강하게 되어 너희 앞에
섰느니라 11 이 예수는 너희 건축자들의 버린 돌로서 집 모퉁이의 머릿돌이 되었느
니라

Ⅰ. 성경공부 진행을 위한 안내

· 이 성경공부는 혼자 할 수도 있고, 소그룹으로 할 수도 있습니다.

· 이 성경공부 방법은 독일의 스투트가르트에 본부를 둔 개신교 복음선교연대기구인 'EMS'(Evangelical Mission in Solidarity)가 세계교회와 함께 성경공부 방법으로 안내하고 있는 것입니다. '서로의 다른 눈으로 성경 읽기'(Reading the Bible through the eyes of another) 프로젝트를 수년간 진행해 오고 있는 가운데 세계교회가 함께 참여하고 있습니다. 그 방법에 따라 성경공부를 진행하고자 합니다.

Ⅱ. 성경공부

1. 찬양, 또는 기도로 성경공부를 시작합니다

"우리를 위로하시고 우리의 구속주 되신 하나님! 하나님의 선물, 이 말씀을 우리에게 주시니 감사합니다. 성경에 쓰인 말씀을 손으로 만지고, 눈으로 읽으며, 함께 공부할 수 있도록 도우심을 감사합니다. 이 성경공부를 통해 하나님의 뜻이 우리의 삶에 나타나 그 말씀으로 도전받게 하시옵소서. 하나님의 말씀은 하나이지만 서로 다르게 해석되는 것을 우리가 이해하도록 도우시기를 기도합니다. 서로 듣고 서로에게 배울 수 있는 기회를 베풀어 주시기를 기도합니다. 서로를 용납하며 성경의 뜻을 찾으려는 것이 성령의 의지임을 믿습니다. 이제 성서를 읽을 때 우리와 함께하시옵소서. 우리의 생각을 나누고 전할 때 우리를 축복하시옵소서. 이 성경공부를 하는 동안 우리가 말하고 행하는 모든 것이 당신의 평화 가운데 진행되도록 이끄소서. 평화가 모든 우리의 이해들을 극복하는 힘이 되게 하소서. 예수님의 이름으로 기도합니다. 아멘."

2. 함께 읽을 성경본문(행 4 : 5-11)

3. 진행방법

· 한 사람이 대표하여 성경본문을 읽습니다. 자원하는 사람이 읽어 주시기 바랍니다.

· 같은 본문을 다시 침묵 가운데 각자 천천히 읽습니다.

· 읽으면서 마음이 가는 구절이나 단어에 표시합니다. 개수는 상관없으나 참여자 수와 성경공부 시간에 맞추어 서로 약속하면 됩니다.

· 진행자는 참여자에게 구절이나 단어 선택을 마치면 마친 것을 알 수 있도록 표해 달라고 요청합니다. (책상 위에 펜 놓기, 눈 감기 등 자유롭게 만들어 요청할 수 있다.)

· 모두 준비가 되면 순서대로 또는 순서에 상관없이 우선 한 개의 단어나 구절만을 돌아가며 말합니다. 두 개 이상을 표시한 사람은 한 개씩 말한 후 다시 차례를 기다려 말하도록 합니다.

· 왜 그 단어 또는 구절을 선택했는지 이유를 나눌 것입니다. 말할 내용을 생각하시기 바랍니다. 말할 내용이 모두 준비되신 분은 다시 표시해 주시기 바랍니다.

· 참여자가 약속대로 준비되었음을 표시하면 진행자는 마지막 한 사람까지 모두 준비가 끝났는지 확인한 후 토킹피스를 돌리며 발

표하도록 합니다.

· 이 성경공부를 통해 느낀 소감을 나누어 봅시다. (생각할 시간을 허용한 후, 토킹피스 나누기 방식으로)

4. 마침 기도

"은혜의 하나님! 오늘 우리가 함께한 시간에 감사를 드립니다. 언제나 그렇듯이 주님의 말씀이 우리가 멀리 있든지, 가까이 있든지 우리를 묶는 끈이 되게 하시기를 기도합니다. 우리가 이 모임으로 다시 만날 때까지 우리를 하나로 이어지게 하시기를 바랍니다. 사랑의 주님! 이 모임에 함께하는 우리 모두를 축복하시기를 기도합니다. 말씀과 공동체를 향한 열정이 나날이 풍성해지도록 도와주시기 바랍니다. 주님의 말씀이 우리를 가르치심을 진심으로 믿게 하시옵소서. 또 그런 믿음을 가지도록 용기를 허락하시옵소서. 나 자신과 다른 생각을 가진 사람의 통찰 역시 수용하고 받아들이는 겸손과 넓은 마음을 우리 모두가 간직할 수 있도록 도와주시기를 기도합니다. 우리가 한국에서 태어났든지 아프리카, 아시아 등 어디에서 태어나 왔든지 서로를 존중하며 살아가도록 이끌어 주시기를 기도합니다. 우리 모두가 행하는 섬김의 사역이 평화, 상호이해, 상호존중에 기반하여 진행되는 사랑의 사역이 되도록 성령이여, 우리를 이끌어 주옵소서. 예수님의 이름으로 기도합니다. 아멘."

5. 평가

평가의 방식은 다양하게 진행할 수 있습니다. 모둠, 전체 토론 또는 개인 평가서를 작성하는 방식 등 다양합니다.

- **Q** 참여자 간에 말하는 시간이나 횟수를 조율하며 서로를 잘 배려하였습니까?
- **Q** 성별 차이, 나이 차이, 직분 차이, 인종 차이 등 참여자들이 가지고 있는 '다름', '차이'가 성경공부를 하는 동안 심리적으로 당신에게 긴장을 주었습니까?
- **Q** 자신이 말한 내용을 누군가가 판단하거나 무시했다는 느낌을 받았습니까?
- **Q** 다른 사람이 말한 내용에 대하여 연결하여 "그게 아니고……", "그보다는……", "……라고 말씀하셨는데 저는 그렇지 않다고 봐요." 등의 의미를 가진 말을 사용하였습니까?
- **Q** 다른 사람의 말이 모두 끝날 때까지 기다렸다가 말하였습니까?
- **Q** 참여자들이 서로의 말을 서로 경청하였다고 생각합니까?
- **Q** 진행자가 참여자 모두를 공정하게 차별 없이 잘 대우하였습니까?

16.

다양성을 받아들이는 열린 마음

최은영 박사

사도행전 16 : 12~15, 40

12 거기서 빌립보에 이르니 이는 마게도냐 지방의 첫 성이요 또 로마의 식민지라 이
성에서 수일을 유하다가 13 안식일에 우리가 기도할 곳이 있을까 하여 문 밖 강가에
나가 거기 앉아서 모인 여자들에게 말하는데 14 두아디라 시에 있는 자색 옷감 장사
로서 하나님을 섬기는 루디아라 하는 한 여자가 말을 듣고 있을 때 주께서 그 마음
을 열어 바울의 말을 따르게 하신지라 15 그와 그 집이 다 세례를 받고 우리에게 청
하여 이르되 만일 나를 주 믿는 자로 알거든 내 집에 들어와 유하라 하고 강권하여
머물게 하니라
40 두 사람이 옥에서 나와 루디아의 집에 들어가서 형제들을 만나 보고 위로하고 가
니라

Ⅰ. 마음 열기

몽골 여성 바야르마 목사는 한국에 오기 전까지 예수가 누군지 알지도 듣지도 못했다. 그는 한국에 온 지 얼마 안 돼 공장이 경영난으로 문을 닫으면서 오갈 데 없는 처지가 되었다. 경남 마산에 있는 한 시골 교회에서 숙식을 해결했고 아무 이유 없이 자신에게 잘해 주는 기독교인들의 모습에 감동을 받았다.
바야르마는 이후 서울에 있는 한 공장에서 일자리를 얻었다. 그는 공장에 찾아온 한 전도사의 소개로 서울 역삼동에 있는 대형 교회에 출석했다. 그 교회에는 몽골인 예배가 있었다. 그는 교회에 꾸준히 나가고 성경공부를 하며 신앙을 키워 나갔다. 사역자가 되겠다는 마음도 품었다. 2002년, 신학을 배우기 위해 몽골로 돌아갔다. 가족들은 모두 반대했지만, 자신을 지지하며 기도해 준 동역자들에게 힘을 얻어 신학을 선택할 수 있었고 2008년 교회를 개척해 목회 중이다. (뉴스앤조이, 2017/5/30)

Q 이유 없이 베푸는 친절에 대해 어떻게 생각하십니까?

Q 이주민이 목사가 되어 이주민과 선주민을 목회한다면 어떤 점이 좋을까요?

Ⅱ. 루디아에 관한 성경본문 살피기

1. 본문을 잘 읽어 봅시다

· 한 구절씩 읽기, 문단 끊어 읽기, 묵상으로 읽기 등을 사용하되 연결해서 여러 번 읽어도 좋습니다.

· 모르는 단어나 생소한 배경에 대해 찾아봅시다.

2. 아래의 내용을 보기에서 찾아 완성해 봅시다

마게도냐로 인도함을 받은 ( )은 그 첫 성 빌립보에서 ( )를 만났습니다. 그는 자색 옷감 장사를 하는 사람이었으며, ( )을 섬기고 있었습니다. 주께서 루디아의 마음을 여셔서 바울의 말을 따라 그와 그 집이 다 ( )를 받았습니다. 루디아는 자신의 집을 개방하였으며, 적극적으로 바울 일행을 섬겼습니다.

<보기> 바울, 루디아, 하나님, 세례

3. 다음의 질문에 답해 봅시다

Q 루디아는 어떤 일을 하는 여성이었습니까?

Q 바울이 루디아를 만나지 못했더라면 어떻게 되었을까요?

Q 루디아가 바울을 만나 한 행동은 무엇이었습니까?

4. 단어 살피기

1) 사도행전과 루디아

초대교회의 역사가 담겨 있는 사도행전은 다양한 구조로 나누어져 있습니다. 초대교회 사역의 대표 인물인 베드로, 바울을 중심으로 구분하는가 하면, 예수께서 말씀하신 "예루살렘, 온 유대와 사마리아, 땅 끝"이라고 하는 지리적 위치로 구분하기도 하는데, 여기에서는 초대교회의 역사적 확장의 의미로 구분합니다. 즉, 팔레스타인 유대 기독교(행 1-5장), 디아스포라 유대 기독교(행 6-8장), 헬라적 이방 기독교(행 9-28장)의 단계라고 할 수 있습니다. 초대교회의 신도들 중에는 많은 헬라 기독교인들이 있었습니다. 이들은 유대 기독교인들과 달리 외국에 살면서 복음을 받아들이고, 교회를 세우고 섬기며 확장하는 일에 앞장섰습니다. 루디아 역시 그중 한 명입니다.

누가복음과 저자가 같다고 알려져 있는 사도행전은 외국인(이방인)에 대한 누가복음의 호의적 관심과 관계가 있습니다. 그 예로 백부장 고넬료가 그의 가족과 함께 기독교인이 되고 성령을 받는가 하면(행 10장), 벨릭스 총독은 유대인 아내 드루실라와 더불어 바울을 초청하여 그리스도를 믿는 믿음의 도리에 대해 듣습니다(행 24 : 24). 이와 같은 맥락에서 외국 여성 루디아를 생각할 수 있습니다.

2) 자색 옷감 장사와 루디아

자색 천으로 옷을 만들어 입는 사람은 꽤나 부유한 층에 속하였습니다. "한 부자가 있어 자색 옷과 고운 베옷을 입고 날마다 호화롭게 즐기더라"(눅 16 : 19)는 구절을 통해 알 수 있듯이, 루디아가 경영한 자색 옷감사업은 왕족이나 상류층만 입는 아주 고가의 옷감이었으며, 고수익 사업이었음을 알 수 있습니다. 헬라어 루디아는 '생산'이라는 뜻을 가지고 있어 단순히 사람 이름이 아닌 지역 이름이거나 그곳에서 팔던 값비싼 염료로 된 의복 이름이라는 주장도 있습니다. 왜냐하면 사도행전에서 루디아가 갖는 중요성에 비해 빌립보서를 비롯해 다른 곳에서는 이름이 언급되지 않기 때문입니다. 그럼에도 사업을 통해 모은 재산을 자신만을 위해 사용하지 않고 주의 선한 일을 위해 사용한 루디아를 기억해야 합니다.

3) 빌립보와 루디아

빌립보는 유럽 마게도냐의 중심도시로, 주전 356년 알렉산더 대왕의 부친인 빌립이 이곳을 점령한 후 자신의 이름으로 개명했다고 합니다. 빌립보 주민은 로마 사람과 그리스와 마게도냐 사람으로 구성되어 있었습니다. 유대 회당이 있을 정도로 유대 사람이 많이 거주했는지는 확실하지 않으나, 루디아는 바울이 그곳에 도착하기 전에 이미 유대인이 믿던 하나님을 알고 믿은 것으로 보입니다. 그는 빌립보로 전도하러 온 바울을 환대하였으며, 세례를 받고 교회의 일원이 되었습니다. 이후 자신의 집을 교회처로 개방하여 선교 거점지로 삼았으며, 후에 빌립보 교회를 세우는 데 큰 역할을 했습니다. 바울은 빌립보 교회 교인들을 생각하면 하나님께 감사하며, 첫날부터 이제까지 복음을 위한 일에 참여하고 있어 기쁘다는 것을 드러내고 있습니다(빌 1 : 3-5).

Ⅲ. 이주민의 눈으로 성경본문 넓히기

1. 다문화적 관점으로 '바울의 이주'를 읽는다면?

지금까지의 전통적인 해석은 바울이 중심이 되어 어디든 갈 수 있었고, 거기서 만난 사람들 역시 바울과 같은 유대 출신이 아닐 경우 외국인에 해당되었습니다. 하지만 루디아의 관점으로 본다면 바울은 루디아가 살고 있는 빌립보 지역으로 이주한 사람이 됩니다. 즉, 외국인 바울이 되는 것이지요. 바울의 선교여행으로 알려진 이주는 곧 낯선 곳에서 낯선 이들과의 삶이었음을 기억해야 합니다.

2. 다시 읽는 루디아 이야기

1) 빌립보로 들어온 외국인 바울을 만난 루디아

바울은 더 이상 아시아에 머물지 말고 유럽으로 가라는 환상을 봅니다. 그 후 한 마게도냐 사람을 만나고, 그로 인해 하나님께서 부르셨다는 확신을 가집니다. 드로아에서 배를 타고 사모드라게로, 이후 걸어서 네압볼리까지 오랜 여정 끝에 도착한 곳은 빌립보였습니다. 바울은 외국인으로서 사람들을 만났습니다. 그중 현지에 살며 자주색 옷감사업을 하는 루디아가 있었습니다.

2) 복음을 받아들인 루디아

루디아가 바울을 만나 복음을 받아들일 수 있었던 것은 첫째, 전적인 하나님의 도우심이 있었기 때문입니다. 먼저 하나님께서 루디아의 마음을 열고 자녀로 받아 주시지 않았다면 가능하지 않았을 것입니다. 둘째, 바울이 어떠한 편견이나 고정관념 없이 행동했기 때문입니다. 바울은 루디아를 만나 스스럼없이 대화하며 복음을 전했습니다. 당시 여성, 외국인에 대한 차별을 뛰어넘는 행동이었습니다. 바울은 예수님이 다양한 부류의 사람들과 만나 대화하며 복음을 전하신 것과 같은 방식으로 행동했으며, 루디아 역시 이를 자연스럽게 받아들였습니다.

3) 자신의 가족들과 함께 세례를 받은 루디아

당시 루디아는 가난하지 않았으며 지도력을 가지고 적극적으로 행동한 사람이었습니다. 하나님에 대해 이미 알고 믿고 있었지만, 예수님의 복음은 그녀의 삶을 변화시켰습니다. 루디아는 자신만 예수님의 복음을 받아들이지 않고 주변 사람들에게 권했습니다. 이후 모두와 함께 세례를 받습니다. 세례 시에 갈라디아서 3 : 28에 나오는 평등선언 "유대인이나 헬라인이나 종이나 자유인이나 남자나 여자나 다 그리스도 예수 안에서 하나 됨"을 고백하며 그의 삶은 이전과 달리 많이 변화되었을 것입니다.

4) 자신의 집을 개방하여 빌립보 교회의 형성에 기초를 놓은 루디아

집 안에서 루디아의 영향력이 생각보다 강력하였다는 것을 세례를 통해 알 수 있습니다. 자신뿐 아니라 그 집안 모든 사람들이 세례를 받아 교회의 일원이 되었기 때문입니다. 또한 빌립보 교회를 향해 영적, 물적 후원을 해 준 것에 감사하는 바울의 모습(빌 1장)을 통해 루디아가 세례에만 그친 것이 아니라 적극적으로 지원하였음을 알 수 있습니다. 특히 자신의 집을 개방하여 예배 장소로 사용한 것은 이후 빌립보 교회의 기초를 닦은 모습이라고 할 수 있습니다.

5) 옥에서 나온 바울과 실라가 찾아간 루디아의 집

바울은 빌립보에 머물다가 귀신 들려 점치는 여종을 보았고, 여종의 병을 고쳐 주었습니다. 하지만 그 여종의 주인들은 더 이상 그로 인한 이익을 챙길 수 없게 되자, 바울과 실라를 고소했습니다. 바울은 옷이 찢어지고 매를 맞고 감옥에 갇히게 되었으나 하나님을 찬송하며 기적을 경험합니다. 이후 감옥에서 나와 처음 찾아간 장소가 루디아의 집이었습니다(행 16 : 40). 그곳에서 형제(자매)들을 만났고 위로했습니다. 아마 바울 역시 큰 위로를 받았을 것입니다.

3. 다음의 질문에 답해 봅시다

Q 먼저 하나님이 외국에 살고 있던 여성 루디아를 돌보셨다는 것에 대해 어떻게 생각하십니까?

Q 선주민 루디아가 이주민 바울이 전한 복음을 받아들인 후 어떻게 변화되었습니까?

Q 외국 땅에서 감옥에 갇히고 여러 고통을 당하는 바울을 지켜보면서도 루디아와 다른 사람들은 믿음에서 떠나지 않았습니다. 그 이유가 무엇이었을까요?

Ⅳ. 더불어 사는 믿음 다지기

이주민만 일방적으로 한국사회에 적응하고 변화할 것을 요구하는 것으로는 진정한 통합이 이뤄지지 않습니다. 기존 구성원인 선주민도 이주민의 다양성을 받아들여 함께 변해야 합니다. 바울과 루디아에게서 그 예를 찾을 수 있습니다. 예수께서 다양성과 다문화를 수용하셨듯이, 사도 바울 역시 다양한 문화를 경험했고 어떠한 차별이나 편견이 없었습니다. 바울은 외국인 특히 여성을 포용했고, 이들에게 도움을 받았으며, 함께 사역하였습니다(롬 16장). 오늘날에도 하나님이 주신 열린 마음으로 이주민과 선주민 모두 평화로운 공존을 위해 힘써야겠습니다.

Q 하나님만 알았던 루디아가 바울을 통해 예수님의 복음을 접하고 세례를 받았습니다. 그가 가진 여러 달란트로 바울의 선교를 도왔고, 이는 유럽 교회의 확장에 중요한 역할을 했습니다. 나는 무엇으로 하나님의 일에 동참할 수 있을지 나누어 봅시다.

Q 하나님은 기존의 고정관념과 편견을 깨고 행동하시는 분임을 기억할 때, 내 안에 갖고 있던 고정된 이주민에 대한 생각을 어떻게 바꿀 수 있을지 서로 대화해 봅시다.

17.
협력과 연대

박홍순 목사

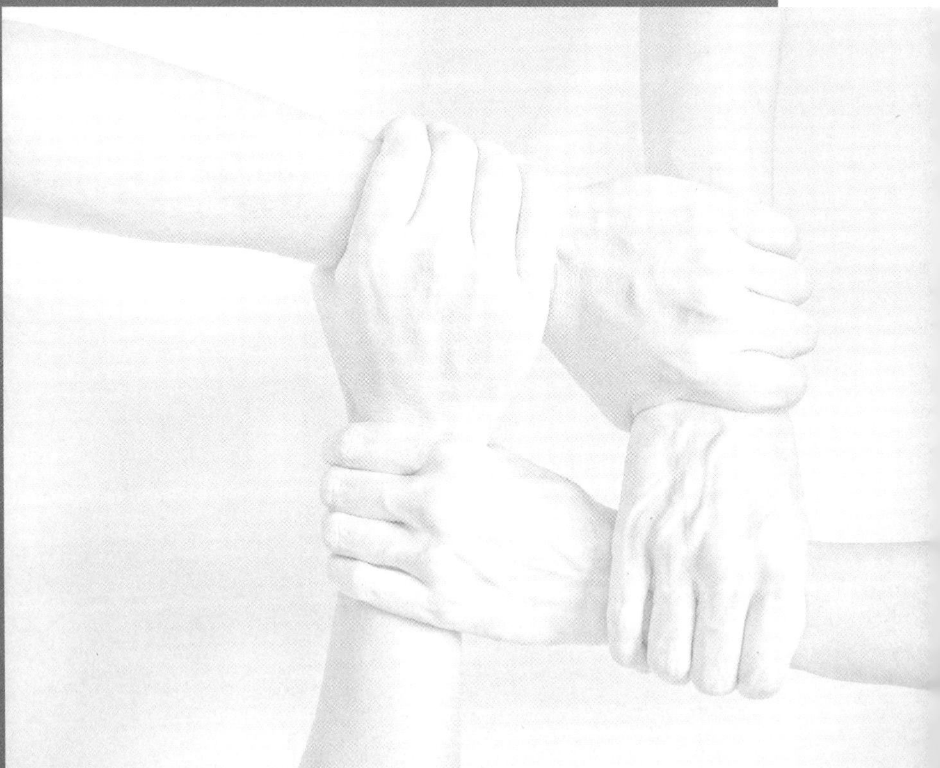

사도행전 18 : 1~8

1 그 후에 바울이 아덴을 떠나 고린도에 이르러 2 아굴라라 하는 본도에서 난 유대
인 한 사람을 만나니 글라우디오가 모든 유대인을 명하여 로마에서 떠나라 한 고로
그가 그 아내 브리스길라와 함께 이달리야로부터 새로 온지라 바울이 그들에게 가
매 3 생업이 같으므로 함께 살며 일을 하니 그 생업은 천막을 만드는 것이더라 4 안
식일마다 바울이 회당에서 강론하고 유대인과 헬라인을 권면하니라 5 실라와 디모
데가 마게도냐로부터 내려오매 바울이 하나님의 말씀에 붙잡혀 유대인들에게 예수
는 그리스도라 밝히 증언하니 6 그들이 대적하여 비방하거늘 바울이 옷을 털면서 이
르되 너희 피가 너희 머리로 돌아갈 것이요 나는 깨끗하니라 이후에는 이방인에게
로 가리라 하고 7 거기서 옮겨 하나님을 경외하는 디도 유스도라 하는 사람의 집에
들어가니 그 집은 회당 옆이라 8 또 회당장 그리스보가 온 집안과 더불어 주를 믿으
며 수많은 고린도 사람도 듣고 믿어 세례를 받더라

Ⅰ. 마음 열기

1. 모둠 만들기

· 4~5명이 한 모둠이 되도록 만듭니다.

· 서로 인사를 나눈 후에 논의한 내용을 기록할 사람을 선정합니다.

· 한 사람이 대화를 독점하지 않고 돌아가며 이야기를 나눕니다.

· 논의한 내용을 다른 모둠과 나누는 방식으로 진행합니다.

2. 이야기 나누기

Q 각자가 모임 전에 미리 '연대'를 상징하는 물건을 준비한 후 어떤 연대를 상징하는지 각자의 이야기를 돌아가며 나누어 봅시다.

Q 누군가와 연대하고 협력했던 경험을 나누면서 연대와 협력이 개인과 공동체에게 끼치는 영향력에 대해서 각자 돌아가며 이야기를 나누어 봅시다.

연대와 협력이라는 말은 기독교 가치를 잘 설명해 주는 단어 가운데 하나입니다. 이것은 서로가 연결되어 있고, 누군가의 기쁨과 슬픔이 오롯이 개인과 공동체의 기쁨과 슬픔이 된다고 고백하는 것입니다. 이와 같은 고백은 기독교 신앙공동체와 구성원에게 매우 소중한 가치를 제공합니다. 다문화사회에서도 연대와 협력은 중요한 가치 중 하나입니다. 이주민과 이주민의 연대와 협력, 선주민과 선주민의 연대와 협력, 이주민과 선주민의 연대와 협력은 더불어 살아가는 사회를 만드는 밑거름이 될 것입니다.

Ⅱ. 성서 읽기와 나눔

1. 성서 읽기

· 성서를 읽고 공부하는 사람들 수에 따라 다양한 방식을 적용해 볼 수 있지만 대체로 10명 이하의 그룹으로 모인다고 가정해 봅시다.

· 이제 한 사람이 대표해서 사도행전 18 : 1~8까지의 말씀을 읽습니다.

2. 성서 읽기와 듣기

Q 한 사람이 대표해서 성서본문을 읽을 때 어떤 느낌과 감정이 생겼습니까?

Q 성서본문 이야기 가운데 머릿속에 떠올랐던 단어나 문장, 느낌을 한 단어 혹은 한 문장으로 표현해 봅시다.

성서연구는 눈을 포함한 온몸으로 읽고 듣고 그리고 행동하도록 이끕니다. 모든 것을 집중해서 성서를 읽고 들은 후에 각자가 서로 다른 시각과 관점을 갖고 있다는 것을 나눌 때 다양성을 발견하게 됩니다.

Ⅲ. 다문화사회에서의 연대와 협력

1. 모둠 만들기

· 성경공부 유형에 따라 10명 이하, 4~5명이 한 모둠으로 모일 수 있도록 합니다. 그리고 각 모둠에서 성서본문을 다시 읽습니다. 인원이 많이 모인 모둠과 적게 모인 모둠에서 성서를 읽을 때 다른 점이 있다면 서로 나누어 봅시다.

2. 다시 성서본문 속으로

사도행전 13장 이후는 유대 이름을 사용했던 사울이 헬라 이름인 바울을 사용하면서 전도여행을 떠나는 장면을 소개합니다. 오늘 본문은 바울이 제2차 전도여행 중에 방문했던 그리스 도시 고린도와 관련된 일화입니다. 빌립보, 데살로니가, 베뢰아, 아덴을 거쳐서 고린도로 오는 여정은 결코 순탄하지 않았습니다.

1) 고린도에서 만난 사람들

Q 오늘 본문에 등장하는 사람들은 누구인지 찾아보고 나누어 봅시다 (1-8절).

Q 연대와 협력의 관점에서 위에 등장한 사람들을 범주화해 봅시다. 예를 들어서 반대한 사람들, 응원하고 지지하는 사람들, 동역자, 새로운 참여자 등으로 구분해서 나누어 봅시다.

Q 다문화적 시각으로 본문에 등장하는 사람들을 서술해 본다면 어떤 유형으로 나누어 볼 수 있는지 이야기해 봅시다.

글라우디오(Claudius) 로마 황제는 주후 49년경에 로마에 거주하고 있던 모든 유대인을 추방한다는 칙령을 발표했습니다. 아굴라와 브리스길라는 로마에서 디아스포라로 살아왔던 유대인이었지만, 이 추방령으로 인해 로마를 떠나 고린도로 이주했던 것으로 보입니다. 이처럼 바울이 고린도에서 만난 사람들 가운데 이주와 추방을 경험했던 사람들이 있었음을 발견할 수 있습니다.

다문화사회는 한국사회와 한국교회에게 다양한 변화와 도전을 요청합니다. 다문화사회는 다양한 유형의 이주민이 존재하고 있음을 알려줍니다. 노동 방식으로 이주한 노동이주자, 혼인 방식으로 이주한 결혼(혼인)이주자, 정치적 이유와 종교적 이유로 추방된 난민 등 다양한 이유와 목적이 존재합니다. 따라서 이주민을 하나의 관점으로 일반화하는 오류를 범하지 않으려면 이주민 각자의 이주 이유와 목적을 파악하는 것이 중요합니다. 노동이주자, 결혼(혼인)이주자, 다문화가족, 난민, 유학생, 미등록 이주민 등 이주민마다 각자의 사정과 이야기가 있다는 것을 기억하면 좋겠습니다.

2) 동역을 위한 연대

바울은 고린도에서 많은 사람들을 만납니다. 같은 방향과 목적을 가진 동역자도 있었고, 반대하는 적대자도 있었습니다. 바울의 전도사역을 강하게 반대했던 유대인들 가운데 바울은 함께 동역할 사람들을 만나게 됩니다. 다문화사회에서 만남은 매우 중요합니다. 이주민과 이주민과의 만남, 선주민과 선주민과의 만남, 이주민과 선주민과의 만남에서 더불어 살아가는 사회의 중요성을 발견하기 때문입니다. 본문은 동역을 위한 연대에 관해서 소개합니다.

Q 바울이 고린도에서 만난 아굴라와 브리스길라와 동역하기 위해 어떤 연대를 하고 있는지 이야기해 봅시다.

Q 실라와 디모데는 바울과 어떤 동역을 했는지 신약성서에서 찾아보고 나누어 봅시다.

Q 디도 유스도와 그리스보는 바울과 어떤 동역을 했는지 신약성서에서 찾아보고 나누어 봅시다.

아굴라와 브리스길라는 디아스포라 유대인으로 이미 이탈리아 로마에서 이주민으로 살았던 경험이 있었고, 바울을 만났을 때는 로마에서 추방당해 고린도에 머무르고 있었습니다. 아굴라와 브리스길라는 디아스포라, 난민의 삶을 떠올리게 합니다. 어렵고 위험한 상황에도 불구하고 바울과 동역하는 이들의 모습에서 연대와 협력이 얼마나 아름다운지 주목해 볼 수 있습니다.

바울이 혼자서 사역하지 않고 동역자와 함께 여행하며 사역하고 활동했던 것에 주목할 필요가 있습니다. 실라와 디모데를 동료, 형제, 동역자로 여기면서 수평적 관계로 상호 의존하고 있는 것은 다문화 사역에서 관심을 가질 부분입니다. 실라는 바울과 동고동락했던 가까운 동료였고, 디모데는 제2차 전도여행 중 더베와 루스드라에서 만나 동역하기 시작합니다. 헬라인 아버지와 유대인 어머니 사이에서 태어난 디모데는 지금 용어로 '다문화가정' 자녀로 성장했습니다. 바울이 디모데와 함께 사역하는 모습은 한국사회에서 다문화가정 자녀가 지도자로 자리매김할 수 있도록 기회와 여건을 제공할 필요성을 느끼게 합니다.

디도 유스도와 회당장 그리스보는 지역사회와 협력하고 연대해야 함을 강조합니다. 고린도에 거주하는 유대인의 거센 반발과 반대에도 불구하고 회당장 그리스보는 바울과 함께 사역할 것을 결심했고, 그 지역에 살고 있던 디도 유스도는 바울을 환대했습니다. 바울은 언제나 그 지역에 거주하는 사람들과 협력하고 연대합니다. 협력과 연대가 혼자서 사역하고 활동하는 것보다 몇 배 더 큰 힘이 된다는 것을 알고 있기 때문입니다. 다문화 사역은 지역사회 구성원과 기관과 협력하고 연대함으로써 하나님 나라를 확장할 수 있습니다.

Ⅳ. 평화롭게, 다르게, 함께 살기

1. 협력과 연대를 위한 질문

바울은 항상 동역자와 함께 사역해 왔음을 확인할 수 있습니다. 다문화사회는 이주민과 선주민이 서로 협력하고 연대하며 살아가는 사회를 만드는 것입니다. 평화롭게, 다르게, 함께 살기를 생각하는 사람들은 협력과 연대를 위한 질문을 하게 됩니다.

Q 교회 내에서 개인, 부서와 부서, 평신도와 목회자, 위원회와 위원회가 서로 협력하고 연대하기 위해서 어떤 노력이 필요할지 생각해 보고 나누어 봅시다.

Q 교회가 지역사회와 다문화 사역을 함께하기 위해서 협력하고 연대할 때 어떤 관점과 태도를 가져야 할지 생각해 보고 나누어 봅시다.

2. 이주와 추방을 대하는 우리의 태도

Q 교회가 자신들 나라에서 살 수 없어서 자발적으로 이주하거나 강제적으로 추방된 난민을 위해서 어떤 협력과 연대를 할 수 있을지 생각해 봅시다.

Q 지역사회에서 난민과 관련된 사역을 담당하고 있는 기관이나 교회가 있다면 찾아보고 난민 목소리를 직접 들어 보는 기회를 가져 봅시다.

한국사회에서 살아가는 난민에 대해서 주목해 봅시다. 난민에 대한 다양한 통계와 정보에 대해서 살펴보고, 한국교회가 난민을 위해서 어떤 사역을 담당할 수 있는지 질문해 보면 좋겠습니다. 정치적 난민, 경제적 난민, 종교적 난민, 사회적 난민 등 다양한 유형의 난민이 존재하는 상황에서 한국교회가 난민과 함께 살아가기 위해서 어떤 노력이 필요할지 생각하고 실천해 봅시다. 평화!

Reading the Bible
in a Multicultural Society

18.
우리는 하나입니다

하경택 목사

갈라디아서 3 : 23~29

[23] 믿음이 오기 전에 우리는 율법 아래에 매인 바 되고 계시될 믿음의 때까지 갇혔
느니라 [24] 이같이 율법이 우리를 그리스도께로 인도하는 초등교사가 되어 우리로 하
여금 믿음으로 말미암아 의롭다 함을 얻게 하려 함이라 [25] 믿음이 온 후로는 우리가
초등교사 아래에 있지 아니하도다 [26] 너희가 다 믿음으로 말미암아 그리스도 예수
안에서 하나님의 아들이 되었으니 [27] 누구든지 그리스도와 합하기 위하여 세례를 받
은 자는 그리스도로 옷 입었느니라 [28] 너희는 유대인이나 헬라인이나 종이나 자유인
이나 남자나 여자나 다 그리스도 예수 안에서 하나이니라 [29] 너희가 그리스도의 것
이면 곧 아브라함의 자손이요 약속대로 유업을 이을 자니라

Ⅰ. 말씀 앞에서

Q 자신의 삶을 '~이전'과 '~이후'로 나눈다면 그 분기점이 되는 사건은 무엇입니까? '~이전'과 '~이후'의 삶은 무엇이 어떻게 달라졌습니까?

Ⅱ. 말씀 속으로

1. 본문 읽기

갈라디아서 3 : 23~29을 여러 번 읽습니다. 함께 소리 내어 읽기도 하고, 눈으로 읽기도 하고, 돌아가며 읽기도 합니다.

2. 단락 나누기

갈라디아서 3 : 23~29의 내용을 주제에 따라 단락을 나누어 보면, 다음과 같이 세 단락으로 나눌 수 있습니다.

23~24절 믿음이 오기 전의 상황 – 율법 아래 있음.

25~27절 믿음이 온 후의 상황 – 하나님의 아들들이 됨.

28~29절 새로운 존재 – 그리스도 예수 안에서 하나

3. 본문 이해를 위한 질문들

Q 23절은 믿음의 오기 전 사람들이 겪고 있는 상황을 묘사하고 있습니다. '율법 아래 매인 바' 되었고 계시될 믿음의 때까지 '갇혀 있었다'고 말합니다. 이것은 율법에 의해서 '감시와 통제를 받고 있는 것'을 가리킵니다. 이렇게 율법 아래 있는 인간의 모습을 두 가지 단어로 요약한다면 어떻게 표현할 수 있겠습니까?

믿음이 오기 전 사람들은 율법의 '감시'와 '감금' 속에 있었다고 말할 수 있습니다.

Q 이때 율법은 '우리를 그리스도께로 인도하는 초등교사'라고 말합니다(24절). 여기에서 '초등교사'라고 번역된 헬라어 '파이다고고스'는 다양하게 번역됩니다. 개역성경에서는 '몽학선생'이라고 번역했고, 공동번역은 '후견인', 새번역에서는 '개인교사'라고 번역하고 있습니다. 영어번역에서는 school-master(KJV), custodian(RSV), guardian(NIV) 등으로 번역합니다. 아래에서 말한 바와 같이 '파이다고고스'의 기능은 무엇을 가르치는 일반적인 선생인 '디다스칼로스'(διδάσκαλος)와 다르다고 할 때 어떤 점이 특별합니까?

바울의 설명에 따르면 율법은 신자들의 '후견인'으로서 신자들을 감독하고 지도하여 그리스도에게로 인도하는 기능을 합니다. 이것은 어떤 가르침을 주기보다는 신자들을 그리스도에게로 이끄는 '인도자'의 역할을 강조합니다.

'파이다고고스'는 헬라와 로마의 부유한 가정에서 미취학 아동기에 있는 어린이를 돌볼 책임을 받은 개인을 일컬을 때 사용된 용어입니다(일반적으로 노예가 이 일을 맡았다. C. B. Cousar, 『현대성서주석』, 118). 이것은 일반적으로 교사를 가리키는 '디다스칼로스'와 구별되었는데, 그 이유는 교육적이거나 교훈적인 역할을 하기보다는 보호적이며 훈육적인 역할을 했기 때문입니다. 그는 보통 노예였지만, 고대 귀족 가정에서 중요한 인물로서 그 가정 가운데 한 명 이상의 아들의 감독과 지도의 책임을 졌습니다(R. N. Longenecker, *WBC*, 399, 402).

Q 율법이 그러한 '초등교사'의 역할을 하는 목적은 우리로 하여금 믿음으로 말미암아 의롭다 함을 얻게 하는 것이라고 말하는데(24절), 그 의미가 무엇이라고 생각하십니까?

이것은 율법 자체가 신자들을 의롭게 하지 못한다는 사실을 의미합니다. 이 세상 사람 가운데 율법의 기준을 만족시킬 수 있는 사람은 없습니다. 아무리 선한 사람이라고 해도 율법의 조항을 따져서 판단해 보면 걸리지 않을 사람이 없습니다. 그러므로 사람이 의롭게 되기 위해서는 율법이 아닌 다른 기준이 필요합니다. 그것이 바로 믿음입니다. 그리스도의 십자가 사랑을 통한 대속의 은혜를 믿는 것입니다. 그러므로 의롭게 되는 것은 오직 믿음으로 되는 것입니다.

Q 믿음이 온 후에는 사람들이 어떠한 상태에 있다고 말하고 있습니까?(25절)

믿음이 온 후로 우리는 더 이상 선생 아래 있지 않다고 말합니다. 그것은 신자들이 율법의 통제나 감시를 받지 않는 것을 의미합니다.

Q 그렇다면 믿음이 온 이후의 삶은 어떠해야 합니까? 율법의 통제를 받지 않는다면 신자들이 누구 혹은 무엇을 따라야 합니까? 갈라디아서 여러 본문을 근거로 대답해 봅시다(갈 4:29, 5:5-6, 16-18, 25, 6:8).

그것은 율법을 무시하는 것이 아니라 율법을 능가하는 원리가 작동하게 만드는 것입니다. 즉, 성령의 이끄심을 받는 것입니다. 이것은 성령께서 말씀과 함께 역사하신다는 의미에서 말씀과 함께하는 삶이라고 말할 수 있습니다. 이것은 칼뱅의 설명대로 율법의 '제3사용'(tertius usus legis)이라고 말할 수 있습니다.

율법에는 세 가지 기능이 있습니다. 율법의 첫 번째 기능은 실정법으로서의 기능입니다. 율법은 유대사회에서 실생활에서 지켜지는 법으로 기능하였습니다. 예컨대, 요한복음 8장에는 서기관들과 바리새인들이 음행 중에 잡힌 여자를 끌고 와서 가운데 세우고 말합니다. "선생이여 이 여자가 간음하다가 현장에서 잡혔나이다 모세는 율법에 이러한 여자를 돌로 치라 명하였거니와 선생은 어떻게 말하겠나이까"(요 8 : 4-5). 이것은 당시 유대인들이 레위기 20 : 10과 신명기 22 : 22을 근거로 행동하고 있음을 방증합니다.

율법의 두 번째 기능은 24절의 설명대로 사람을 그리스도에게로 인도하는 '초등교사'(파이다고고스)로서의 역할입니다. 그것은 율법을 통해서는 사람이 의롭게 될 수 없기 때문에, 사람이 의로움을 얻기 위해서 필연적으로 그리스도를 필요로 한다는 것을 의미합니다.

율법의 세 번째 기능은 신자들의 삶을 위한 지침으로서 율법의 기능입니다. 칼뱅은 이것을 율법의 '제3사용'이라고 명명하였습니다. 그는 율법이 의식적 · 법적 측면에서는 한계를 가지고 있으나 윤리적 · 도덕적 기능에서는 여전히 유효하다고 평가했습니다.

Q 하나님의 아들들이 된 것은 무엇을 통해서입니까?(26절)

그리스도 예수 안에서 믿음으로 말미암아 하나님의 아들이 될 수 있습니다. 오직 이 방법을 통해서만 가능합니다.

Q 믿음을 통해 하나님의 아들 됨은 세례를 통한 무엇에 비유되고 있습니까?(27절)

예수 그리스도 안에서 믿는 믿음은 세례 사건과 동일시됩니다. 여기에서 신자들의 세례는 그리스도로 옷 입는 것과 동일한 의미를 지닙니다. 이것은 '그리스도의 특성, 덕성, 그리고 그분의 의도들을 취하여 그분과 같이 되었다'는 의미로 이해할 수 있습니다. 세례를 통해 변화된 삶의 의미가 '옷 입음'의 은유를 통해서 구체화되는 것입니다.

'옷 입다'는 의미를 가진 '엔뒤오'(ἐνδύω) 동사는 구약 헬라어 번역성경(칠십인경)에서 의, 구원, 힘, 그리고 영광(대하 6 : 41, 욥 29 : 14, 시 132 : 9, 16, 18, 잠 31 : 25, 사 51 : 9, 52 : 1, 61 : 10, 슥 3 : 3-5) 또는 부끄러움(욥 8 : 22, 시 132 : 18, 마카베오상 1 : 28)으로 옷 입는 일에 대한 언급을 위해 자주 나타납니다. 또한 이 옷 입음의 은유는 내적 덕성들로 자신을 옷 입히는 일(골 3 : 12, 살전 5 : 8)에서 영적 갑옷을 입는 일(롬 13 : 12, 엡 6 : 11-17)까지 그리고 그리스도의 재림 시 죽지 아니함을 입는 일(고전 15 : 53-54)에 이르기까지 다양한 형태로 바울서신에서 등장합니다. 이것은 세례 지원자들이 세례 전 옷을 벗고 나중에 다시 옷을 입는 의식에 의해 초기 그리스도인들에게 더욱 뚜렷이 인지되었을 것입니다(R. N. Longenecker, *WBC*, 415).

Q 바울은 신자의 새로운 존재성에 대해 설명하면서 어떤 부류의 사람들이 그리스도 예수 안에서 하나라고 말하고 있습니까?

유대인이나 헬라인이 없고, 종이나 자유인도 없으며, 남자와 여자도 없다고 말합니다. 이 모든 사람들이 그리스도 예수 안에서 '하나'라는 것입니다.

Q 29절에서 신자들의 새로운 존재양태를 설명하면서 언급하는 세 가지 내용은 무엇입니까?

첫째, 그리스도인들은 '그리스도의 것', 즉 그리스도에게 속한 자들이라고 말하고 있고, 둘째, '아브라함의 씨'라고 말하고 있으며, 셋째, '약속에 따른 상속자들'이라고 말하고 있습니다.

바울은 그리스도인의 새로운 정체성에 대해서 말하면서 다음과 같은 표현들을 반복해서 말합니다. "그리스도 예수 안에서"(26절), "그리스도와 합하기 위하여 세례를 받은"(27절), "그리스도로 옷 입었느니라"(27절), "그리스도 예수 안에서 하나"(28절), 그리스도에 속한 "그리스도의 것"(29절). 사람들은 그리스도와 연합함으로써 아브라함의 후

손이라는 자격을 얻습니다(C. B. Cousar, 『현대성서주석』, 124).

Ⅲ. 말씀과 함께

Q 오늘 본문(특히 23-25절)을 통해 신자의 삶은 '믿음이 오기 전'과 '믿음이 온 후'로 나눌 수 있을 만큼 '믿음의 도래'가 중요함을 알 수 있습니다. 26절에서는 이 믿음을 '그리스도 예수 안에 있는 믿음'(faith in Christ Jesus)이라고 표현하고 있습니다(우리말 번역에서는 '그리스도 예수 안에서'라고 표현하여 장소를 나타내는 부사적인 의미로 번역하였으나 헬라어 원문의 의미는 '믿음'을 수식하는 형용사적 의미로 이해할 수 있다). 이러한 믿음을 22절에서는 '예수 그리스도에 대한 믿음'이라고 합니다. 이 표현을 헬라어 표현으로 그대로 가져오면 '예수 그리스도의 믿음'(faith of Jesus Christ)입니다. 그렇다면 이렇게 반복적으로 강조되고 있는 '믿음'의 의미는 그리스도 예수 '안에서'의 믿음이며, 예수 그리스도에 '대한' 믿음이라고 말할 수 있습니다. 나에게 그리스도 예수 '안에서'의 믿음과 예수 그리스도에 '대한' 믿음의 의미는 무엇인지 서로의 생각을 나누어 봅시다.

'믿음'은 헬라어로는 '피스티스'(πίστις), 히브리어로는 '에무나'(אֱמוּנָה)로 표현됩니다(합 2 : 4, 동사 형태로 창 15 : 7 참조). 23절과 25절에서 세 차례 언급되고 있는 "그 믿음"은 22절에서 말한 대로 그리스도 안에 있는 믿음을 의미합니다. 그것은 율법에 맞서는 구원의 원리이자 도구입니다. 동시에 그것은 종말론적인 구원 자체의 새로운 질서를 대변합니다. 그러므로 믿음의 도래는 믿음의 대상인 그리스도의 오심과 동일합니다. 그것은 구원사에서 결정적인 사항입니다(Ronald Y. K. Fung, *NICNT*, 168).

Q 27절에서 세례를 받은 자는 '그리스도로 옷 입은 자'가 되었다고 말합니다. 신자의 삶을 그리스도로 옷 입음에 비유하는 것은 의미가 있습니다. 옷을 입는 것에는 크게 두 가지 기능이 있습니다. 한 가지는 신분을 나타내는 것이고, 다른 하나는 몸을 보호하는 기능입니다. 사람은 옷을 입음으로써 자신의 신분을 나타냅니다(군복, 경찰복, 교복, 법복, 의사 가운 등). 그리고 옷을 입음으로써 몸을 보호합니다. 추위와 열기로부터 그리고 칼이나 총과 같은 생명을 위협하는 공격으로부터도 보호를 받을 수 있습니다(갑옷이나 방탄복). 그렇다면 '그리스도로 옷 입었다'는 것은 신분을 나타내고 보호의 기능을 하는 옷의 기능과 관련하여 어떠한 의미를 갖는다고 말할 수 있습니까? 자신의 삶에서 적용할 수 있는 내용을 찾아서 말해 봅시다.

Q 28절에서 '유대인이나 헬라인이나 종이나 자유자나 남자나 여자'가 '그리스도 안에서 하나'라고 말합니다. 여기에서 '하나'라는 말은 두 가지 의미로 생각할 수 있습니다(Ronald Y. K. Fung, *NICNT*, 176). 하나는 '동등성'(equality)이고, 다른 하나는 '일치성'(unity)입니다. 다시 말하면, 그리스도 예수 안에서 '하나'라는 말은 '같다'는 의미도 되지만, '하나가 되어야 한다'는 의미도 있다는 것입니다. 그렇다면 '유대인이나 헬라인이나 종이나 자유자나 남자나 여자나 그리스도 안에서 하나'라는 진술을 어떻게 적용할 수 있겠습니까? 특별히 선주민과 이주민의 관계를 고려하여 경험할 수 있는 구체적인 내용을 말해 봅시다.

여기에 등장하는 세 가지 부류의 사람들은 경건한 남자 유대인이 날마다 감사의 조건으로 열거하는 내용이라고 합니다. 어떻게 기도했을까요? "하나님, 저를 이방인으로 태어나지 않게 해 주셔서 감사합니다. 하나님, 저를 종으로 태어나지 않게 해 주셔서 감사합니다. 하나님, 저를 여자로 태어나지 않게 하셨음을 감사합니다." 이러한 기도는 당시 나머지 세 부류의 사람들이 얼마나 차별을 받고 살았는지 알려 줍니다. 현재 대한민국은 노예제도가 없지만 갖가지 형태의 갑을관계가 형성되어 있으며, 선주민과 이주민의 갈등, 남녀의 차별이 알게 모르게 존재합니다. 그러한 의미에서 바울의 이러한 발언은 당시 세계가 받아들이기 힘든 혁명적인 선언이었습니다. 동시에 이것은 그리스도 예수 안에 있는 것이 얼마나 큰 의미가 있는지 보여 줍니다. 그 어떤 차별과 구별의 시도들도 그리스도 예수 안에서는 가능하지 않다는 것입니다.

Q 자신의 삶에서 가장 극명하게 드러나는 차별적인 대상들은 누구이며, '그리스도 안에서 하나'인 삶을 위해 필요한 모습은 무엇입니까?

고경수 목사 2003년 대구평화교회와 대구이주민선교센터를 설립하여, 현재 대구 달성공단에서 우리 사회에서 가장 소외되고 열악한 환경에서 생활하는 이주민들과 어려움을 함께 나누며 살고 있다. 네팔(2009년)과 스리랑카(2012년)에 현지인 전문인 사역자를 파송하였고, 앞으로도 현지인 선교사를 훈련, 파송할 계획이다.

김호경 목사 연세대학교 대학원(Ph. D.)에서 공부하였고, 현재는 서울장신대학교에서 신약성경을 가르치고 있다. 여성과 약자에 대해서 신학적 관점을 확장시키고 실천하는 데 관심을 갖고 있다. 저서로 『인간의 옷을 입은 성서』, 『예수가 상상한 그리스도』, 『여자, 성서 밖으로 나오다』, 『바울』, 역서로 『성서-소피아의 힘』, 『신학-정치론』, 『스피노자와 근대의 탄생』 등이 있다.

박천응 목사 장로회신학대학교와 신학대학원을 졸업하고 1989년부터 안산에서 다문화교회, 안산이주민센터에서 일해 오고 있다. 뉴욕신학대와 인하대학교에서 목회학 박사, 다문화학 박사학위를 취득하고 장로회신학대학교와 인하대학교 겸임교수이다. 국경없는마을과 한국다문화사회교육협동조합 이사장을 맡아 사회선교활동을 하고 있다.

박흥순 목사 신약성서에서 만난 예수께서 사람을 깊은 연민과 공감의 마음으로 연대하는 실천을 본받아 광주광역시에 머물며 다문화와 평화교육에 주목하며 살고 있다. 저서로 『지역교회 다문화를 품다』(꿈꾸는터, 2013), 『고린도후서-한국장로교총회창립 100주년기념 표준주석』(한국장로교출판사, 2016), 『디도서-연세신학백주년기념 성경주석』(대한기독교서회, 2016), 『다문화사회 이야기마당-다문화교육 매뉴얼』(꿈꾸는터, 2017) 등이 있다.

오현선 목사 인종 간 평등, 젠더정의, 평화교육을 추구하며 비판적 참여교육(Critical Participatory Education)에 관심을 갖고 활동 중이다. 개신교 목사로 광주교육청에 '다 함께 어울림' 교육커리큘럼을 제공하고 상호이해 교육에 기여하고 있다. 2018년 2월 호남신학대학교 교수직을 사직하고 '공간 엘리사벳' 대표로서 글쓰기와 강연을 하며 광주 양림동에 살고 있다.

최은영 박사 대전 실천여성회 판 공동대표와 배재대학교 외래교수로 성서와 여성, 다문화, 평화에 대한 관심을 가지고 있다. 저서로는 공저한 『성서에서 만나는 다문화 이야기』(대장간, 2013)가 있다.

하경택 목사 독일 보훔 대학교(Ruhr-Universitat Bochum)에서 욥기 연구를 통해 박사학위를 받고, 현재 장로회신학대학교에서 구약학을 가르치고 있다. 그는 특별히 다양한 도전과 질문이 있는 현대사회에도 하나님의 말씀이 '공허한 말'이 아니라 '생명'이 됨(신 32 : 47)을 일깨우며 후진 양성에 힘쓰고 있다.

홍인식 목사 가난한 사람의 삶의 자리를 우선적으로 선택함으로써 신학을 전개하며, 위로부터의 신학에서 아래로부터의 신학을 목회 현장에 접목하면서 현재 순천중앙교회에서 목회하고 있다. 라틴아메리카에서 이민자로, 선교사로 40년을 살아오면서 다양한 문화의 경험을 신학에 적용하며 활동중이다.